A DIVISÃO NO ESPAÇO URBANO

ANDRÉ DEL NEGRI

A DIVISÃO NO ESPAÇO URBANO

Belo Horizonte

2012

© 2012 Editora Fórum Ltda.

É proibida a reprodução total ou parcial desta obra, por qualquer meio eletrônico, inclusive por processos xerográficos, sem autorização expressa do Editor.

Conselho Editorial

Adilson Abreu Dallari
Alécia Paolucci Nogueira Bicalho
Alexandre Coutinho Pagliarini
André Ramos Tavares
Carlos Ayres Britto
Carlos Mário da Silva Velloso
Carlos Pinto Coelho Motta (*in memoriam*)
Cármen Lúcia Antunes Rocha
Cesar Augusto Guimarães Pereira
Clovis Beznos
Cristiana Fortini
Dinorá Adelaide Musetti Grotti
Diogo de Figueiredo Moreira Neto
Egon Bockmann Moreira
Emerson Gabardo
Fabrício Motta
Fernando Rossi
Flávio Henrique Unes Pereira

Floriano de Azevedo Marques Neto
Gustavo Justino de Oliveira
Inês Virgínia Prado Soares
Jorge Ulisses Jacoby Fernandes
José Nilo de Castro (*in memoriam*)
Juarez Freitas
Lúcia Valle Figueiredo (*in memoriam*)
Luciano Ferraz
Lúcio Delfino
Marcia Carla Pereira Ribeiro
Márcio Cammarosano
Maria Sylvia Zanella Di Pietro
Ney José de Freitas
Oswaldo Othon de Pontes Saraiva Filho
Paulo Modesto
Romeu Felipe Bacellar Filho
Sérgio Guerra

Luís Cláudio Rodrigues Ferreira
Presidente e Editor

Coordenação editorial: Olga M. A. Sousa
Supervisão editorial: Marcelo Belico
Revisão: Marilane Casorla
Bibliotecário: Ricardo Neto – CRB 2752 – 6ª Região
Capa e projeto gráfico: Walter Santos
Diagramação: Karine Rocha
Imagem de capa: Ana Paula Umeda, *Deslocamento*. Fotografia (Captura Digital), 20x30cm (2304 x 3456 pixels), 2010.

Av. Afonso Pena, 2770 – 15º/16º andares – Funcionários – CEP 30130-007
Belo Horizonte – Minas Gerais – Tel.: (31) 2121.4900 / 2121.4949
www.editoraforum.com.br – editoraforum@editoraforum.com.br

D331d	Del Negri, André
	A divisão no espaço urbano / André Del Negri. – Belo Horizonte : Fórum, 2012.
	172 p. ISBN 978-85-7700-595-6
	1. Direito constitucional. 2. Direito urbanístico. 3. Geografia humana. 3. Sociologia. 4. Antropologia. I. Título.
	CDD: 341.2 CDU: 342

Informação bibliográfica deste livro, conforme a NBR 6023:2002 da Associação Brasileira de Normas Técnicas (ABNT):

DEL NEGRI, André. *A divisão no espaço urbano*. Belo Horizonte: Fórum, 2012. 172 p. ISBN 978-85-7700-595-6.

Dono do mundo em mim, como de terras que não posso trazer comigo.

(PESSOA, Fernando. *Livro do desassossego*)

SUMÁRIO

INFORME 11

INTRODUÇÃO GERAL 15

CAPÍTULO 1
ELEMENTOS DE FORMAÇÃO DA
SOCIEDADE CIVIL 25
Abertura temática 25
A ligação do homem ao solo: um pouco de história da
propriedade 28
O pêndulo do tempo e sua passagem pelo liberalismo 31
Socialismo: algumas notas 34
Contornos da formação histórica, política e econômica
da sociedade brasileira 38

CAPÍTULO 2
A CIDADE COMO LUGAR INSTÁVEL 47
Aspectos introdutórios 47
Um esboço sobre a difícil formação da urbanização
e os desafios no campo da cidadania 48
A *cidade* como espaço dado pelos civis ao povo 53
O cortiço como antessala da favela 56
Plasticidade habitacional e ocupações irregulares: notas sobre
a tipologia residencial denominada de *favela* 59
Territórios e fragmentação 64
O problema da pobreza e a divisão do espaço 66

Bipolarização na rede urbana 69
Traçado sobre a teoria psicanalítica do mal-estar na cultura
do mundo contemporâneo e ilusões de completude
do sujeito 72
Elitização na rede urbana e divisão do espaço 82

CAPÍTULO 3
DIREITO À MORADIA NO BRASIL E
CONSTITUIÇÃO FEDERAL 99
Direito à moradia e carência habitacional 99
Mercado imobiliário especulativo 101
Déficit social de moradia e limite financeiro do Estado 106
Noção de poder público legítimo e *Estado* como espaço
público de regência constitucional democrática 112
Propriedade e função social na constitucionalidade
brasileira: compreensão sobre as intervenções do Estado 119
Atuação da administração governativa na organização das
cidades: notas sobre medidas jurídico-urbanísticas tendentes
a equilibrar capitalismo e comandos de ordem social 122

CAPÍTULO 4
NOTAS PARCIAIS SOBRE PLANEJAMENTO
E TEORIA ECONÔMICA 127
Tentativa de explicação 127
A teoria econômica do Direito em Richard Posner 128
Planejamento econômico e governamental 132

CAPÍTULO 5
ELEMENTOS DE TEORIA GERAL DO FEDERALISMO
E REPARTIÇÃO DE COMPETÊNCIAS 143
Delimitação do tema 143
Sociedades político-democráticas e federalismo 144
Formas de Estado: algumas características 145
Estado Federal Brasileiro: características 147
O Estado-membro e a questão da autonomia na
organização federal 148

O Município na estrutura federativa brasileira 150
Repartição de competências: primeiras delimitações 151
Competência da União 153
Competência do Estado-membro 155
Competência do Município 156
Últimas e penúltimas palavras 159

NOTAS FINAIS 161

REFERÊNCIAS 165

INFORME

A *explosão urbana* no mundo com suas imensas aglomerações humanas (*homo urbs*) é tema que sempre está no remoinho das discussões científicas e que ultrapassa em muito os acanhados limites de uma única disciplina acadêmica. A *cidade* na trajetória da humanidade tem sido, portanto, esse *locus* simultâneo de relação social e de materialidade (relação homem/espaço geográfico), que vem marcando a planta urbana desde impérios com pirâmides, templos faraônicos, estruturas palacianas destinadas a abrigar governantes com *status* de divindade, até a influência contemporânea da tecnologia que atrai grandes empresas (genuínos centros financeiros) que atuam como núcleos de decisão com capacidade de comando e imposição de uma determinada dinâmica de *fluxos* (culturais, simbólicos, financeiros, arquitetônicos e de especulação imobiliária), sem se deslembrar das políticas de imagem (governo do espetáculo) que criam croquis e maquetes eletrônicas 3D, um espaço indolor, sem desestima, harmônico e cheio de cores e "felicidade interna bruta", que são divulgados pelas mídias a fim de mexer com o imaginário da população (o governo do espetáculo inaugura maquetes!).

Sem entrar nas complexas particularidades da *lógica da imagem*, é extremamente equivocado o "governo do imaginário" simplificar complexidades e induzir a população a perceber que *urbanização* é apenas construída na órbita do dimensionável (miniaturas de projetos arquitetônicos, cenográficos, ou de engenharia). Ao tentar neutralizar a miséria estrutural da vida e torná-la perfeita a qualquer custo, tem-se também, ao lado do "governo do imaginário", o mercado imobiliário se apropriando de forma oportunista das constantes crises que acometem a vida cotidiana e passam a construir, além de imóveis, conceitos baratos como "qualidade de vida" e outras palavras bonitas que as pessoas querem ouvir em seu sonho de "felicidade", a fim de empacotar clientes em planos imobiliários de vida-boa.

O problema é que não é possível pensar em urbanismo sem intervenções jurídico-políticas, porque na omissão do *planejamento urbano* por parte da administração governativa (que tem feito apenas reformas pontuais, jamais planejamento), tem-se um crescimento desordenado submetido apenas a uma lógica do crescimento desigual com habitações penduradas em encostas (morro *versus* asfalto), uma multiplicidade espacial com problemas socioambientais, desigualdades econômicas e sociais (mundos separados, o aqui e o lá) a reivindicar um bom bocado de urbanismo para intervir nessas áreas com a finalidade de reconhecer esses territórios com a marca da Constituição Brasileira, nunca abandoná-los. E, aí, o livro traz alguns questionamentos: um deles concerne à implementação da Constituição na realidade brasileira. O segundo: que lugar há para o Direito Constitucional na época contemporânea? Por fim, qual poderá ser a sua contribuição e quais são os seus limites?

Nesse seguimento, o livro faz uma abordagem da recente história urbanística no Brasil e da etapa do capitalismo global que desconhece os imóveis como bens sociais, mas sim como ativos de investimento, não se esquecendo das manobras políticas feitas por ocupantes de cargos públicos em favor dos empreendedores imobiliários, uma armadilha ínsita (a bem dizer venenosa) como forma de retribuição aos agentes privados que viabilizam campanhas eleitorais. Com este ensaio, ainda há o levantamento de alguns fatos e estudos para sustentar a *tese* (conclusões) de que o modelo socioeconômico vigente estabelece uma *divisão no espaço urbano*, riscando no chão uma estrutura física que estabelece a segregação entre os habitantes de centro/periferia por meio de moradias horizontais de forma condominial (fechada entre muros) de grande proporção, verdadeiros enclaves fortificados (*panóptico*) de alto padrão, com piscinas, lava-auto, restaurante, pessoal de limpeza, supermercado, segurança privada, lagos e bosques, professores de ginástica, *playgrounds*, campo de futebol, quadras poliesportivas, agência bancária, *drugstore* com livros, revistas e tabacaria.

Consigna-se, igualmente, que esta obra surge no âmbito dessa realidade e retira daí a seguinte indagação: seria a "falta de segurança" a única forma de explicação para a proliferação de condomínios exclusivos? Acreditamos que não. É possível haver mais estímulos envolvidos porque as pessoas de alto poder aquisitivo, associadas à esfera do consumo (e que não aceitam ficar fora desse universo), produzem o espaço urbano no próprio contexto da *cultura de consumo*. E, como, pois, os *condomínios fechados* são produtos das relações sociais (um forte componente do imaginário urbano — "identificação narcísica") dentro de uma "sociedade do esbanjamento", há diversas razões que levam uma pessoa a fixar moradia nesses "paraísos artificiais", inclusive o "estilo de vida" que aqui funciona como *status*, símbolo da promoção social (seguindo Pierre Bourdieu). Por isso que, para esses casos de ilusões de completude do *sujeito do desejo*, atribuímos o nome de "arquitetura da beleza", uma espécie de "eugenia da arquitetura" ("eugenia" aqui quer dizer criar casas belas, boas e perfeitas com decoração de interiores).

Registra-se, todavia, que esse espaço construído nas cidades transforma-se num *ethos* que, de forma velada ou não, presta colaboração para apontar um bode expiatório externo aos muros do condomínio como responsável pela *violência urbana*. Deve-se dizer que por maiores que tenham sido os esforços neste livro, ainda faltaram respostas essenciais, preenchimentos de exposições e uma bibliografia completa que possa lançar luz sobre o fundo do tema. Estamos convictos de que muitos trabalhos de sólido conteúdo científico escaparam à pesquisa. Somos conscientes dos defeitos estruturais e pedimos desculpas por eles. Serão ressaibos para os quais esperamos sua compreensão como leitor. Mesmo assim, roga-se ajuda para completá-lo, pois apenas objeto de uma ideia geral de questões elementares cuja vasculhagem não é exauriente. Por isso, gostaríamos que este *ensaio* fosse visto muito mais como encorajamento de estudo e pesquisa a fim de testar os paradoxos a partir do quadro da realidade de vários "Brasis" que impedem a consolidação da democracia e a redução do sofrimento humano.

O autor

INTRODUÇÃO GERAL

Em um país onde há laços densos entre escolas arquitetônicas que produziram edificações modernas, das construções públicas esculpidas no concreto armado (*brazilian dream*), as fragilidades são outras: a *moradia urbana* ainda é problema claro. Ao lado desse eixo outros são destacados. É perceptível, pois, os altos índices de violência urbana e a proliferação de condomínios horizontais de alto/altíssimo padrão. De mais a mais, a segregação socioespacial, a fragmentação do tecido urbano e a *cidade* como espaço que tem que conter infraestrutura, transporte coletivo, trabalho, saúde e lazer (direitos fundamentais coletivos), ainda apresenta *déficit*.

Assim, o problema é tanto de moradia setorial como de cidade acessível a todos. O que há é uma nítida divisão no espaço urbano: moradores territorializados, do ponto de vista geográfico, em condomínios fechados (bolsões de segurança) e a extensão do tecido periférico para determinada camada mais humilde da sociedade. Nessas situações, tem-se a *cidade dividida* e uma Constituição Federal preocupada em aumentar os teores de dignidade humana.

Essa *divisão do espaço urbano* acontece por causa de uma série de variáveis. Primeiro, porque o povo, na ausência de políticas sociais de inclusão, é que criou, no *fórceps*, as cidades informais; tiveram que resolver individualmente a questão da *moradia* sem financiamento habitacional abundante por parte da administração pública. Segundo: o resultado desse expressivo déficit urbano, como se sabe, é a construção de parte dessa cidade sem infraestrutura; uma *cidade* poluída (venenosa), com desfigurações ambiental-urbanas, sem contenção geológica onde é necessário, com péssima acessibilidade ao trabalho (um trânsito que é a segunda jornada de trabalho) e insuficiência do serviço público, algo indispensável para a vida urbana. Enfim, o improviso resume a história da urbanização. O conjunto não tem coerência e os Planos Diretores não são respeitados. Transformar essa *cidade informal* em *cidade formal* é tarefa árdua, mas é preciso deixar claro que é possível; carece apenas de uma explícita vontade política e de um *planejamento urbano* vigoroso (para mais de vinte anos), não este que aí está por todos os lados, feitos a toque de caixa, e para só quatro, oito anos, quando muito. Basta os recursos públicos serem mais bem racionalizados a médio e longo prazo, uma mecânica social gradual.

Para tanto, o acesso ao crédito para habitação não pode ser visto como mera gentileza, favor ou caridade, mas sim como *meio* de implementar direitos fundamentais, um compromisso de todos os administradores públicos com as diretrizes constitucionais. E é nessa circunstância que quem perde são as pessoas que habitam a *periferia* do espaço urbano (os descidadanizados).

Por isso que o estudo da *cidade*, pela complexidade que envolve a sua manifestação espacial, requer abrangência interdisciplinar, que passa pelo entrelaçamento dos mais diversos ramos das *ciências sociais* (sociologia, história, economia, geografia, direito), a fim de entender a organização e o espaço urbano dividido. Isso demonstra a delicada posição política do planejador público e toda a administração governativa no Brasil (federal, estadual e municipal).

Cresce a conscientização de que o direito à moradia e o direito à cidade incorporam dimensão de *cidadania*, um fundamental direito assegurado na Constituição Federal. Para além das palavras, a concretização exige o necessário planejamento para que as *cidades* não sejam "totalidades" (teatro de conflitos sociais), mas *universitas* de todos, espaço que possa tornar possível a explícita lógica do *trans*. Daí a necessidade de se estudar as repercussões espaciais em âmbito de teoria da urbanização brasileira.

Ver o homem inserido na plataforma constitucional é o que todos esperam, mas para se falar em uma política de implementação de moradia urbana tem-se que falar no enfrentamento da *pobreza*, e isso requer reflexão no campo do modelo econômico adotado pelo país, bem como outros eixos que vão do acesso ao trabalho, à educação, à saúde até a reelaboração do espaço. O fato de a população não ter acesso a esses pilares de sustentação, a fim de diminuir os efeitos da *desigualdade*, aumenta a crise urbana e a cidade passa a ser centro de conflitos. Sem arrumar essas questões, o país terá um futuro sombrio. Mas isso é assunto tão bem enfrentado em tantos outros livros com linha de especificidade.

Vai demorar algum tempo, e nem se imagine quantos episódios, mas o Brasil será um país capaz de desenvolver ainda mais o seu potencial, se o *planejamento urbano* for mais bem trabalhado. Se a sonda da moradia urbana/organização do espaço for retirada da veia da democracia brasileira, o país passará provavelmente direto à convulsão. Mas vamos e convenhamos, na forma e no conteúdo, *planejamento urbano* não pode ser mais um assunto levado ao pé de página da história brasileira, mas sim um dever do planejador público, e em especial um direito vital do cidadão de se armar para o combate contra a exclusão. Se quisermos novos tempos para o Brasil, caberá a nós determinar se faremos uma transição para produzir uma era melhor, ou se continuaremos à espera de um Estado prodigioso com governantes sábios que cuidam de todos, e o enquadramento das pessoas em categorias de gênero, raça e classe social.

A importância de se estudar *a divisão no espaço urbano* explicita um país portador de nítida segregação socioespacial, o que representa um obstáculo para a democracia no Estado constitucional brasileiro. Vejam-se grandes números de condomínios horizontais fechados de altíssimo padrão a definir novas demarcações espaciais em algumas cidades. Nesse *espaço em construção*, cria-se um cinturão de proteção montado (quase uma embaixada) para pessoas de elevado poder aquisitivo que vitrinizam suas residências luxuosas em áreas especiais, o que gera influência nas relações entre indivíduos e grupos, porque há forte concentração de renda no condomínio, o que atrai trabalhadores para o seu entorno. O paradoxo está em que, de um lado, há as "invasões" de espaços ociosos por populações de baixa renda, as quais se esforçam na produção de suas casas. De outro, a integração do espaço urbano, a *construção-da-cidade-compartilhada* (voltada ao coletivo), deixa de acontecer. E, aí, ao invés de falar somente em *acesso à moradia* (uma das prioridades constitucionais), passa-se a reivindicar também o "acesso à cidade" (trajeto trabalho-moradia/melhor organização na ligação entre *espaços*). Como se vê, o estudo é complexo porque é um problema econômico-financeiro e também social-urbano-constitucional.

Por tudo o que foi dito até agora, resta clara a necessidade de comentar a respeito de como organizamos a linha de estudo deste *ensaio*. É que são *urgentes* os estudos em "ciências humanas e políticas" que possam funcionar como antídotos ao absurdo dos "saberes" *intuitivos* (hábito e crença secular como fonte do conhecimento). Notem, por favor, as aspas. A racionalização aqui defendida vai mais longe do que escolhas pautadas pela preferência, gosto, valoração ou hábito.

Por isso toda a tematização neste ensaio foi feita com característica de *verificabilidade crítica* (um estudo fora do conceito de "categórico universal", mas dentro, se é possível dizer, do "universal da crítica científica"). Neste sentido, infere-se que a pesquisa buscou conscientemente o *erro* e a sua mais rápida *eliminação*.[1] E, para tanto, foi imprescindível que o estudo contivesse um modelo de credibilidade epistêmica que não fosse apenas sínteses de observações encontradas na realidade (*contexto social* encontrado pelo homem ao nascer), mas um estudo amparado em elaboração teórica para não limitar a reflexão e homologar as estruturas vigentes, como é uso.

No entanto, a demarcação no campo científico das *ciências sociais* não é tarefa fácil, dada a especificidade dos instrumentos de abordagem. E, como, pois, temos a finalidade de fazer a ponte entre o espaço da realidade (bárbara e violenta) e o espaço da pesquisa teórica estruturalmente demarcada pelos institutos jurídicos na democracia (instituição política, econômica e social), nada mais coerente do que afastar o mero observacionismo. Optando-se por isso, tem-se a desistência do probabilismo e a aproximação da problematização, o que pode dar condições para começar a entender/explicar o espaço urbano de forma *crítico-reflexiva*. Aliás, esta é uma das funções centrais das academias, a de trazer para o debate científico e público as inconsistências da realidade (ao menos denunciar as omissões das autoridades

---

[1] POPPER, Karl. *A lógica da pesquisa científica*. São Paulo: Cultrix; Edusp, 1975.

encarregadas, aliás, também), a fim de apontar possíveis intervenções visando um quadro de melhoras.

Como não existe um único modelo de pesquisa como fonte do conhecimento, procuramos desenvolver um estudo em diversas frentes, o que nos exigiu estudo em várias linhas da geografia, do direito constitucional, da filosofia e do direito econômico, além de pesquisa documental com delineamentos no campo da história. Não dispensamos algumas estatísticas (e nem devemos dispensar tais informações), pois nos permitiu um suporte para entender os horrores do *espaço* urbano sempre dividido, mas com aquela cautela de que "estatísticas e teoria se completam",[2] até mesmo porque as estatísticas também necessitam de testes como toda e qualquer hipótese.

Por isso, insistimos: é de uma total congruência deixar claro que a área de *ciências sociais*, enquanto conhecimento científico, para que possa ser compreendida, requer uma aliança entre realidade e leitura teorizada. E esse "colocar à discussão" nos levou a tentar entender a extensão da leitura marxista de Estado como "reprodutor do sistema de dominação" e sua célebre frase de que a economia é o "motor da história". À vista disso, chamamos a necessária atenção do leitor porque é em Marx — *com ele e indo além dele* — que podemos entender de modo mais significativo esses gêneros reflexivos pelo contemporâneo entrelaçamento de classes com o Estado (grandes empresas, tecnocratas...).[3] Consequências disso? Inúmeras, a começar pelas relações de poder/dominação. Tudo isso se justifica porque a *urbanização* fomenta o processo capitalista, mas

---

[2] SANTOS, Milton. *Pobreza urbana*. São Paulo: Edusp, 2009. p. 14.
[3] HABERMAS, Jürgen. *Técnica e ciência como ideologia*. Lisboa: Edições 70, 2001.

como a Constituição Federal de 1988 não estacionou na escola clássica de *liberalismo* democrático (revogada pelo art. 170 do Texto Constitucional), nem na zona de conforto do *republicanismo* (revogado pelo art. 1º da Constituição), em que os cidadãos eram vistos apenas como dóceis expectadores (destinatários) de uma *sociedade homogênea*. Isso mostra que o que temos hoje é um processo de construção de um modelo de *Estado Democrático de Direito* (art. 1º, CF/88), que albergou as conquistas do Estado Liberal e as do Estado Social e repensou a pretensão republicana e liberal. Esse é o *plus* de uma democracia pós-88 que se desenvolve e se legitima numa fala construtiva (jurídico-discursiva) de integração social *contra* o aprofundamento da miséria. Desta forma, não precisamos ir tão longe como fez Marx e defender o fim do Estado e a instalação do comunismo. Só de conseguirmos implementar a Constituição Brasileira de 1988, já seríamos um país diferente.

    Mas voltemos à análise. Assim, se a vida social se funda na vida econômica, como dizia Marx,[4] e se os projetos urbanos se submetem ao poder total do capital, como dizia Adorno e Horkheimer,[5] a organização urbana do espaço acaba gerando a distribuição desigual de negócios, serviços, moradias e evidentes desdobramentos espaciais, sociais e econômicos crescentes. É nesse enodoamento que o Direito, segundo nossa opinião, deve comparecer como um modificador da realidade, e não o contrário (se adaptar à realidade que já é portadora de exclusão). E mais: tem-se

---

[4] MARX, Karl. *Contribuição à crítica da economia política*. São Paulo: Martins Fontes, 1977.
[5] ADORNO, Theodor; HORKHEIMER, Max. O iluminismo como mistificação de massas. *In*: ADORNO, Theodor *et al*. *Teoria da cultura de massa*. Rio de Janeiro: Paz e Terra, 1982. p. 159-160.

que verificar se esse Direito que comparece para o desfazimento de tramas não é também mais um meio de dominação (eis o ponto!). É que existem engenhosas artimanhas produzidas em parlamento que adotam rótulos de fictícia democracia. Daí a necessidade de produção normativa indexada a direitos fundamentais.

Com efeito, seriam importantes mais duas observações. A primeira: é evidente que tal estudo só vale para países onde o processo de nivelamento das condições sociais ainda é um desafio. A segunda: essa concentração econômica e espacial deve ser enfrentada por uma geocrítica comprometida com os compromissos da Constituição Federal, que como já foi dito linhas atrás, é conhecida pelo seu compromisso de inclusão do outro com esteio em programas/planejamentos governamentais, o que abre via para o debate de direitos fundamentais no atual contexto social-brasileiro.

Esses enunciados até aqui colocados servem também para esclarecer o seguinte: o pesquisador, diante do objeto de reflexão, apresenta sempre uma queda pela valoração. Mesmo que muitos digam que em *ciências sociais* a imparcialidade é algo impraticável (e talvez o seja), mesmo assim tentaremos buscar a chamada imparcialidade do trabalho o tanto quanto; não estamos dispostos a trabalhar carga axiológica, fenomenologia, psicologismo, profecia científica ou abordar os problemas sociais predizendo o curso futuro da história.

Por fim, tentaremos, ao longo de todo o ensaio, trabalhar a busca da eficiência do sistema econômico com esteio na *constitucionalidade democrática* exigida pelo art. 170, *caput*, da CF/88, a fim de "assegurar a todos existência digna" pela via do "trabalho humano" e da "função social da propriedade" e assim promover a inclusão das populações marginalizadas, óbice frontal ao exercício da *cidadania* e *dignidade*. Se hoje se fala em teoria econômico-democrática, a *teoria espacial* deve ser organizada ou reorganizada na dimensão dos direitos fundamentais. Esse é o esforço coletivo de todos que se interessam sinceramente pela inclusão e melhor equilíbrio social. Daí a pesquisa gerar embates sociais, políticos e jurídicos. É o desafio desencadeado nas páginas seguintes.

CAPÍTULO 1

ELEMENTOS DE FORMAÇÃO DA SOCIEDADE CIVIL

Abertura temática

Depois de passar aproximadamente 200 mil anos vivendo em grupos nômades, atormentado pela fome, o homem-caçador-coletor resolveu, diante das dificuldades, descobrir maneiras de produzir alimentos em grande quantidade. Para tornar tudo isso mais fácil, criou os vilarejos, bem como organizou o plantio e a criação de animais. Como consequência dessas aglomerações, surgiram assentamentos densos. Tem-se aí, em apertada síntese, o surgimento da *vida urbana* (ver importantes estudos sobre Arqueologia e Etnologia).

Posteriormente, quando o pensamento filosófico passou a interrogar a convivência, a partir da sociedade em geral, surgiram leituras interessantes no campo da racionalidade como: "O primeiro que, tendo cercado um terreno, atreveu-se a dizer: isto é meu, e encontrou pessoas simples o suficiente para acreditar nele, foi o verdadeiro fundador da sociedade civil". Daí vieram muitos crimes, muitas guerras, horrores e assassinatos. Rousseau (1712-1778),[6] autor dessas linhas, despertou atenção pelo mundo afora. No entanto, referida afirmação, que abre este capítulo, contém aquilo que há de mais interessante nos clássicos: a importância reflexiva.

É realmente curioso o fato de o homem ter se tornado proprietário num tempo em que a "propriedade" sequer tinha dono. Aliás, John Locke (1632-1704),[7] um dos clássicos da filosofia jusnaturalista, preocupado com a apropriação de bens da natureza, já sinalizava que os seres humanos apresentam-se como iguais, e que a propriedade, por ser *anterior* à sociedade, deveria ser considerada um *direito natural* do indivíduo, e, por tal motivo, esse direito *não* deveria ser violado pelo Estado. E, aí, a inevitável pergunta: se a terra é livre, não deveria ser utilizada por todos?

A propósito, Thomas Hobbes (1588-1679),[8] que publicou o *Leviathan*, em 1651, livro que apresenta os seus pontos de vista filosóficos a respeito de uma teoria geral da soberania, o Estado comparece como o criador da propriedade. Daí o referido autor entender que o Estado estava legitimado a suprimi-la.

Num mundo fustigado por rebeliões e teorias de matizes variadas, uma coisa, contudo, é registrar simpatia a distância pela efervescência ideológica, inspirada em valores universais, naturalísticos; outra é levar essa ideologia

---

[6] ROUSSEAU, Jean-Jacques. *Discurso sobre a origem e os fundamentos da desigualdade entre os homens*. São Paulo: Martins Fontes, 1993. p. 181.
[7] LOCKE, John. *Segundo tratado sobre o governo civil, e outros escritos*: ensaio sobre a origem, os limites e os fins verdadeiros do governo civil. Petrópolis: Vozes, 2001.
[8] HOBBES, Thomas. *Leviatã*. São Paulo: Martins Fontes, 2003.

adiante, ao nível de combatividade física que dá origem a inflamações dolorosas, desfigurantes, difíceis de debelar. Por isso o tema da propriedade imóvel seguiu-se, até hoje, como um pêndulo que vai das mobilizações de protestos pacíficos e pressões populares, passando pelos negaceios dos governantes, até chegar aos combates mais virulentos, em especial a violência no campo.

Um dos paradoxos políticos mais gritantes do nosso planeta é que dois aspectos fundamentais do Estado moderno — a *democracia* (ciência jurídico-política) e a *distribuição de riqueza* — não puderam combinar-se (ou combinam-se a duras penas). Do ponto de vista teórico, uma série de proposições foram discutidas. Cá, por efeito didático (e daí a superficialidade, é claro), não vamos nomear e exaurir todos os fatores/motivos que levaram a *moradia* ao ponto do "salve-se quem puder".

No entanto, algumas ideias buscam esclarecer que é possível, por intermédio do respeito generalizado às minorias, que todas as "diferenças" coexistam num mesmo território. Sabemos hoje que a esfera pública não pode ser entendida como espaço do gestor em produzir uma administração em parâmetros de irresponsabilidade (espaço de dominação), uma vez que a administração pública requer planejamento político-jurídico de uma estrutura discursiva dos direitos fundamentais. Lado outro, esse pressuposto teórico não deixou, ao longo dos anos, de ser um imenso desafio, tantas vezes mal-sucedido. Por isso, não é demasiado exagero dizer que alguns países tentaram impor a "democracia" pelas armas e pela ocupação forçada. Talvez seja nisso, com efeito, que se pode medir a diferença entre universalismo de princípios e a arrogância na prática política quando o objetivo é proteger privilégios. É o que será visto no estudo que se segue.

A ligação do homem ao solo: um pouco de história da propriedade

O tema da propriedade imóvel privada pode ser examinado de forma puramente expositiva ou então pode ser combinado a um discurso crítico. O certo é que há muitos relatos compactos que tratam cada trecho da história com extensão. Por obviedade, o presente ensaio não pretende competir com tais obras. Se ao ler estas páginas o leitor for tentado a desenvolver um interesse mais profundo pelo tempo histórico do tema, sem dúvida deve consultar obras específicas oportunamente. O objetivo, aqui, é apresentar um panorama de questões fundamentais que alguns pensadores têm discutido.

A República é provavelmente o mais famoso dos diálogos de Platão (428-348 a.C.). A construção de um Estado ideal, ali discutida, deu nome ao diálogo. Sabe-se que os gregos pensavam o *Estado* como uma *cidade*. Talvez isso seja mais bem demonstrado pela palavra grega *polis* que, *grosso modo*, significa "cidade".[9] Platão, no referido livro, conjecturava a propriedade comum entre os membros escolhidos de sua *República Ideal*.[10]

Em outro estudo sobre a ligação do homem ao solo, Fustel de Coulanges (1830-1889), um dos importantes historiadores franceses, nos oferece a explicação por via dos motivos religiosos. Alguns comentários sobre esse argumento podem ser úteis. Primeiro, porque cada lar, cada família,

---

[9] RUSSEL, Bertrand. *História do pensamento ocidental*: a aventura das ideias dos pré-socráticos a Wittgenstein. Rio de Janeiro: Ediouro, 2002. p. 83.

[10] PLATÃO. *A república*. 5. ed. Tradução de Maria Helena da Rocha Pereira. Lisboa: Fundação Calouste Gulbenkian, 1987. Acerca de um contraponto à literatura de Platão, conferir: POPPER, Karl. *A sociedade aberta e seus inimigos*. Belo Horizonte: Itatiaia, 1987. v. 1.

tinha seus deuses, os seus altares.[11] Segundo, às margens dessas casas o homem desenvolvia suas atividades agrícolas e esse movimento em torno já sinalizava uma faixa de domínio. Na tentativa de buscar maior segurança que salve as aparências, consideravam que a área era sagrada. Prossegue o autor: "o solo onde repousam os mortos converte-se em propriedade inalienável e imprescritível".[12] Nesse sentido, "nessa casa, a família é senhora e proprietária".[13] Pois bem. A este propósito, adicione-se outro: desde uma das indagações de Cícero ("o que há de mais sagrado que a moradia de cada homem?"),[14] pode-se observar, portanto, que a doutrina civilista, em especial a do início do século XX, passou a trabalhar com o conceito de que "a propriedade é sagrada e inviolável".

Outra peculiaridade a sobressair de imediato: fica muito clara a demonstração, na obra de Fustel de Coulanges, de que durante muito tempo a família foi considerada a única forma de sociedade, e que a *cidade* (associação religiosa e política das famílias),[15] não era sinônimo de *urbe* (local de reunião, o domicílio e o santuário dessa associação).[16]

---

[11] FUSTEL DE COULANGES, Numa Denis. *A cidade antiga*: estudo sobre oculto, o direito e as instituições da Grécia e de Roma. São Paulo: Revista dos Tribunais, 2003. p. 62.

[12] FUSTEL DE COULANGES, Numa Denis. *A cidade antiga*: estudo sobre oculto, o direito e as instituições da Grécia e de Roma. São Paulo: Revista dos Tribunais, 2003. p. 63.

[13] FUSTEL DE COULANGES, Numa Denis. *A cidade antiga*: estudo sobre oculto, o direito e as instituições da Grécia e de Roma. São Paulo: Revista dos Tribunais, 2003. p. 62.

[14] FUSTEL DE COULANGES, Numa Denis. *A cidade antiga*: estudo sobre oculto, o direito e as instituições da Grécia e de Roma. São Paulo: Revista dos Tribunais, 2003. p. 62.

[15] FUSTEL DE COULANGES, Numa Denis. *A cidade antiga*: estudo sobre oculto, o direito e as instituições da Grécia e de Roma. São Paulo: Revista dos Tribunais, 2003. p. 117-122.

[16] FUSTEL DE COULANGES, Numa Denis. *A cidade antiga*: estudo sobre oculto, o direito e as instituições da Grécia e de Roma. São Paulo: Revista dos Tribunais, 2003. p. 123-129.

Com essa base criou-se o uso dos "termos" (limites sagrados dos campos) e, por consequência, a figura do "deus termo" (o "deus da cerca"), o protetor da divisa, e quem desrespeitasse o marco (o termo), a rigor, sofria pesadas punições, inclusive com a morte.[17] Foi nessa circunstância que Fustel de Coulanges demonstrou a noção de *limite*, que, por sua vez, teria dado à propriedade a noção de *exclusividade*. Não se pode perder de vista que esse raciocínio, marcado pelo viés religioso, foi uma característica grega.

Na essência, o homem, pelo seu modo de sobreviver, necessita de condições materiais. Em todo caso, é fácil perceber que com o aparecimento da agricultura o homem mais se ligou ao solo. Tudo isso é perfeitamente aceitável. Como escreveu Darcy Bessone,[18] "ele, plantando, tinha interesse em acompanhar a evolução genética das sementes lançadas ao solo, e dos produtos que dela iriam resultar". Nesse ponto, ao que detectamos, ressalvada melhor pesquisa, o homem, nesse contexto de análise, não se fixava em nenhum ponto. Era nômade. No entanto, ao encontrar em certos lugares maior facilidade de caça ou pesca, neles procurava fixar-se. De fato, esse aspecto parece poupá-lo de maiores esforços. As afirmações são de Bessone.[19]

Pouco a pouco, mas com persistência crescente, falava-se na concentração de riquezas. A transformação da propriedade coletiva em individual, as guerras de conquista. No que se refere à propriedade feudal, a preocupação característica era a defesa das terras contra invasões, que eram frequentes na Idade Média. Nesse contexto, a ligação

---

[17] FUSTEL DE COULANGES, Numa Denis. *A cidade antiga*: estudo sobre oculto, o direito e as instituições da Grécia e de Roma. São Paulo: Revista dos Tribunais, 2003. p. 65.

[18] BESSONE, Darcy. *Direitos reais*. São Paulo: Saraiva, 1996. p. 15.

[19] BESSONE, Darcy. *Direitos reais*. São Paulo: Saraiva, 1996. p. 15.

homem-propriedade o levou a defendê-la por meio da própria força, o único critério de defesa para impor-se como dono. Em termos gerais, nos primórdios da civilização esse era o esboço do sistema de conservação da coisa própria.

Aliás, pertinente é a advertência de Bessone[20] ao se referir ao papel dos feudatários, que davam apoio militar ao soberano, e dele recebiam o direito de usar os imóveis. Lado outro, "o soberano conservava o chamado *domínio eminente* e transmitia aos feudatários o *domínio útil*". No entanto, como o restante da população "era constituído de trabalhadores, que cultivavam a terra em troca de alimento, instituiu-se, assim, a *servidão da gleba*". E arremata: "os servos não tinham propriedade, se não muito restritamente".[21]

O pêndulo do tempo e sua passagem pelo liberalismo

O autoritarismo é tão velho quanto à humanidade. Sempre existiu uma minoria de homens aptos a dominar os outros. A linha de passe do feudalismo para o Estado Liberal (Estado burguês) trouxe pouca modificação. Em princípio, deve-se salientar que o constitucionalismo no século XIX tinha nítidas fragilidades. A proteção da propriedade e a política como uma instituição para poucos fundamentaram as práticas sociais desse período, donde o uso da máquina adquiriu traços de destrutividade da humanidade. Saliente-se, a propósito, que no Estado de Direito Liberal, as leis elaboradas pelos parlamentos visavam proteger e garantir a esfera privada dos indivíduos contra as interferências

---

[20] BESSONE, Darcy. *Direitos reais*. São Paulo: Saraiva, 1996. p. 21.
[21] BESSONE, Darcy. *Direitos reais*. São Paulo: Saraiva, 1996. p. 21.

governamentais e particulares. Nesse mundo liberal, regido pelo mercado, havia, segundo o escocês Adam Smith (1723-1790), uma "mão invisível" que garantia a sustentação da economia.

Em suma, com a ideia do *laissez-faire* (mercado livre), o Estado Liberal entrou em crise com os quadros de exploração dos seres humanos, como os relatados à época da Revolução Industrial. Essa situação gerou a pobreza, o descontentamento e o aumento das desigualdades, abrindo caminho para a existência de constituições abstencionistas, no século XVII, e para o distanciamento econômico, fazendo com que as greves se alastrassem por toda parte. Daí o "século XIX conhecer desajustamentos e misérias sociais que a Revolução Industrial agravou e que o liberalismo deixou alastrar em proporções crescentes e incontroláveis".[22]

Os entraves desse desenvolvimento industrial faziam parte do firme propósito de transformar a esfera pública num espaço de interesses privados onde "(...) todas as coisas devem ser devoradas e abandonadas quase tão rapidamente quanto surgem no mundo".[23] E, dessa forma, a liberdade econômica fomentou a livre concorrência, acarretando, como consequência, um impulso ao capitalismo que acelerou o abuso sobre os menos favorecidos e o surgimento do Estado como instrumento de opressão política e econômica. Fácil é compreender por quê. Nessa época, como já visto, a característica essencial desse Estado constitucional era a liberdade, principalmente a econômica, marcada pela não intervenção do Estado na economia.

---

[22] MAGALHÃES, José Luiz Quadros de. *Direito constitucional*. Belo Horizonte: Mandamentos, 2000. v. 1, p. 44.

[23] ARENDT, Hannah. *A condição humana*. Rio de Janeiro: Forense Universitária, 2001. p. 147.

É oportuno registrar a opinião de Andréa Queiroz Fabri[24] quanto ao enfoque da política econômica em um regime de *livre-iniciativa*, que conduz o leitor ao esclarecimento de que os abusos absolutistas, "(...) longe de conduzir à liberdade, contribuíram para a perpetuação da desigualdade, tendo em vista somente a transferência do poder real à classe em ascensão da época — a burguesia". Aliás, esse liberalismo do século XVIII, que tinha como característica a neutralidade do poder público diante dos colapsos sociais, conduziu a um quadro de capitalismo desumano e escravizador, nitidamente perceptível na miséria social que a Revolução Industrial suscitou, o que foi retratado pela Encíclica *Rerum Novarum*, de Leão XIII, em 1891. É sabido que a revolta contra a tirania do monarca fez eclodir a Revolução Francesa, que resultou na famosa *Déclaration*. Num cenário de ideias tão proeminentes, várias teorias surgiram a partir do seguinte refrão: "O Estado deve respeitar a liberdade do particular". Merece reflexão o caráter *individualista* dessa época porque fez nascer a história do direito privado.[25] Isto traz à tona a propriedade como *sagrada* e *inviolável*. É com tal base que o Código Civil francês — o Código Napoleônico —, promulgado em 21 de março de 1804, reconhece as prerrogativas de uso e gozo da coisa, o que repercutiu em todo o mundo jurídico, pois cognominado "Código da Propriedade". Acreditava-se, por meio de uma visão bem individualista, que se ao homem não fosse facultado adquirir bens e riquezas não haveria a satisfação da própria liberdade individual. É evidente que esse raciocínio encampa o conhecido binômio valor do homem/patrimônio possuído.

---

[24] FABRI, Andréa Queiroz. *Responsabilidade do Estado*: planos econômicos e iniciativa privada. Belo Horizonte, 2005. p. 25.
[25] WIEAKER, Franz. *História do direito privado*. Lisboa: Fundação Calouste Gulbenkian, 1980.

Socialismo: algumas notas

A este propósito, merecem referência as observações de Karl Marx (1818-1883), insatisfeito com o liberalismo *laissez-faire* gerador de uma desavergonhada vida de desolação e miséria. Em aspecto descritivo, Marx demonstra, sem dificuldade, a indigência de mulheres e crianças, e, por isso, tentou oferecer novos alicerces para implementar a ideia de *liberdade*. Essa aptidão para o social colocou a leitura marxista como base do *Welfare State*.

Examinando, em linhas gerais, a tensão entre Estado e *liberdade econômica* (competição livre e igual para todos) não se pode olvidar a complexa teoria marxista, que aguçou a visão de muitos estudiosos. Daí é oportuno salientar a necessidade de compreender para qual realidade os grandes autores teorizaram os seus argumentos, pois cada época produz novos pensadores, atribui novas teorias ou promove melhoras às teorias já existentes. Dessa forma, é sabido que Marx conheceu muito bem as condições de metastização da classe trabalhadora e os morticínios em 1863, período em que estava escrevendo *O Capital*, a grande obra de sua vida. Esse, aliás, é o livro que traz a explanação de sua teoria quanto ao lado material da vida social, o método de produção capitalista, o aumento da produtividade e do consumo, a acumulação dos meios de produção, e, consequentemente, uma riqueza cada vez maior em número cada vez menor de mãos. Aí, em apertada síntese, afloram as duas ideias-força: o acréscimo da riqueza e da miséria e a tensão entre as duas classes, o que levaria a uma revolução social. Não admira que a igualdade e a defesa da vida humana tenham sido suas preocupações permanentes. Por isso a sua insistência em falar na luta de classes e em oprimido *versus* opressor. Por sua vez, a vitória dos trabalhadores sobre a burguesia instauraria o surgimento de uma sociedade "sem classes".

Com Marx, o *idealismo* de Hegel foi substituído pelo "materialismo", isto é, a vida econômica. E porque convencido desse "deslocamento", Marx desenvolveu concepções filosóficas para interferir na realidade (os fatos econômicos são reais), o que mais tarde recebeu a denominação de "pragmatismo".

Por tudo isso não seria difícil entender por que surgiu a necessidade de se levantar um movimento socialista que visava um duro combate contra o capitalismo. Marx estendeu essa análise socialista até onde conseguiu (via o poder econômico em toda parte). De estilo combativo, profundo e detalhado, e acusado por alguns de ser *historicista* (profecia do curso futuro da história), o certo é que ele trouxe elementos de reflexão que impulsionaram uma série de estudos que influenciou muitas mentes. O que ele fez, porém, inconfundivelmente, foi produzir justificativas racionais para escorraçar com a miséria social que acontecia ao seu tempo. Foi assim que ele identificou com clareza maior do que qualquer outra pessoa quais eram os problemas mais fundamentais do século. Um de seus objetivos foi demonstrar que a posse dos *meios de produção* por uma minoria levaria à exploração do homem pelo trabalho. Em decorrência disso, o operário que depende dos meios de produção para sobreviver coloca sua força de trabalho à disposição de quem é dono dos instrumentos de produção (terras, fábricas...). Consequentemente, quem tem a propriedade dos instrumentos paga ao trabalhador o suficiente para subsistir, ou, na exata afirmação de Guy Debord,[26] o *operário* só devia "receber o mínimo indispensável para

---

[26] DEBORD, Guy. *A sociedade do espetáculo*. Rio de Janeiro: Contraponto, 2008. p. 31.

conservar sua força de trabalho"; não era considerado "em seus lazeres, em sua humanidade".

Logo, se a contribuição do trabalhador vale mais do que recebe, se os seres humanos constantemente sacrificam esses valores aos valores pagos a eles, ocorre o que Marx denominou de *mais-valia*.[27] Com esse tipo de comportamento o capitalista acumula e coloca-se na posição de adquirir mais bens de produção, o que o leva a explorar o homem ainda mais. Se os operários perdem ao vender a sua força de trabalho, e, portanto, são explorados, e os mais ricos, ao contrário, obtêm mais lucro, e, em consequência direta, mais dominação, a luta de classes jamais desaparecerá.[28] Nessa extensão, o capitalista apropria-se de uma parte do produto ilegitimamente (decorrendo disso a *mais-valia*). Se os capitalistas parassem de explorar as vidas dos operários (o legítimo produtor), os trabalhadores adquiririam uma melhoria incomparavelmente maior, o que proporcionaria um melhor equilíbrio na sociedade. E com o objetivo de eliminar a possibilidade de *exploração do homem pelo homem*, a única saída era não permitir que alguns detivessem os bens de produção. O que ele estava propondo era que a propriedade desses bens fosse atribuída à *sociedade*, e não ao *Estado*, o qual desapareceria quando a produção fosse o bastante para as necessidades, o que colaboraria para a neutralização dos antagonismos de classe. E volta ao tema da *propriedade social*. Como é considerado um bem de produção, assinalava que não poderia pertencer a poucos

---

[27] MARX, Karl. *O Capital*: crítica da economia política. Rio de Janeiro: Bertrand Brasil, 1989. v. 1, p. 201-259.

[28] MARX, Karl. *O Capital*: crítica da economia política. Rio de Janeiro: Bertrand Brasil, 1989. v. 2.

homens, mas sim a toda a sociedade,[29] o que também fora homologado por Friedrich Engels (1818-1883).[30]

Em outubro de 1917, na Rússia, mais de 34 anos depois de Marx morrer em Londres, as ideias socialistas encontraram terreno fértil. Sob o escudo do "socialismo", surgiram ditaduras, e uma série de eventos políticos foi iniciada por Lênin (líder do Partido Bolchevique), que impôs o governo socialista soviético decretando, entre outras medidas, o *confisco* de bens de produção, inclusive o da *terra*. Essas modificações deixaram a economia fora de esquadro. Não era mais possível ver as coisas com a perspectiva de antes, pois o momento exigia mudanças, e, para contornar o fracasso, Lênin instaurou uma "nova política econômica" (NEP). Ao utilizar de formas capitalistas ou semicapitalistas na produção rural, sem a existência da propriedade privada, mas com uma exploração gratuita da terra, fez surgir a figura do *kulak* (termo usado para se referir a camponeses relativamente ricos do Império Russo, considerados inimigos do povo), o que fez a economia apresentar mudanças positivas.[31] A manobra não foi feita ocasionalmente. De certo modo essa tática leninista foi estratégica, uma vez que a finalidade era o alinhamento do país a fim de retomar o caminho socialista.

Quando Lênin morreu, em 1924, assumiu Stálin, em 1927, o qual se pôs como ditador absoluto da União Soviética com um sistema de repressão política a todos os opositores. Sobre esta base, Stálin derrubou a "nova política econômica"

---

[29] MARX, Karl; ENGELS, Friedrich. O Manifesto do Partido Comunista. *In*: REIS FILHO, Daniel Aarão (Org.). *O manifesto Comunista 150 anos depois*. Rio de Janeiro: Contraponto; São Paulo: Perseu Abramo, 1998.

[30] ENGELS, Friedrich. *A origem da família, da propriedade privada e do Estado*. Tradução de Ruth M. Klaus. São Paulo: Centauro, 2002.

[31] BETTELHEIM, Charles. *A luta de classes na União Soviética*. Rio de Janeiro: Paz e Terra, 1983. v. 3, p. 85-152.

de Lênin e iniciou a política dos "planos quinquenais", que eram prioridades para a produção industrial e agrícola do país para períodos de cinco anos, a fim de planificar a economia e implementar o socialismo. Flagra-se em Popper que "a chamada NEP (Nova Política Econômica) e as últimas experiências — planos quinquenais, etc. — nada têm a ver com as teorias do 'Socialismo Científico' outrora propostas por Marx e Engels".[32] Essa anotação do filósofo da ciência é bastante importante e este ponto deve ser apreciado com a devida consideração.

Com isso, pôs abaixo os *kulaks*, o que gerou duras resistências, sempre combatidas com deportações (as pessoas eram enviadas a áreas pouco povoadas, como a Sibéria, por exemplo). Isso fez surgir os *kolcoses* (ou *colkoses*), uma forma de exploração coletiva da terra, de característica cooperativa.[33] Com essa forma de exploração da terra surgiram o *dvor* (pequena área explorada pelo colcosiano) e as *sovioses* (granjas-modelo do Estado). No entanto, é bom lembrar que os demais países socialistas da Europa não adotaram o sistema colcosiano. Por fim, é de destacar que a União Soviética, o primeiro país socialista do mundo, durou até 1991. E, mais grave: além da opressão promovida pelo governo não se sanaram as diferenças sociais.

Contornos da formação histórica, política e econômica da sociedade brasileira

O Brasil foi descoberto por acaso. Polêmicas à parte é lançar os olhos à história e ver que Álvares Cabral ia

---

[32] POPPER, Karl. *A sociedade aberta e seus inimigos*. Belo Horizonte: Itatiaia, 1987. p. 90.
[33] BETTELHEIM, Charles. *A luta de classes na União Soviética*. Rio de Janeiro: Paz e Terra, 1983. v. 2, p. 435-452.

para as Índias, e, se havia intenção, foi dissimulada. Depois do Descobrimento, veio a dizimação dos índios, o arrebanhamento dos africanos, a independência, em 1822. A seguir, o Duque de Caxias, o Frei Caneca, a abolição da escravidão, a Guerra de Canudos, o descontentamento dos tenentes no início da década de 20, a prisão de Luiz Carlos Prestes, a luta operária, a Revolução Constitucionalista, o Estado Novo, o Golpe de 64, os 21 anos de regime militar, a movimentação para uma nova Constituição em 1988 e a sua contínua dificuldade de implementação até a contemporaneidade. Evidente que, se analisada a pesada história brasileira, nesses mais de 500 anos (uma história bem mais complexa do que este simples relato), nota-se uma nítida tradição antidemocrática solidamente enraizada desde o Império. Vê-se, então, que no curso da democratização da sociedade brasileira houve movimentos populares, prisões e toda sorte de violência e humilhação contra pessoas que reivindicavam o papel de protagonista das decisões. Eis aí um intrincado estudo sobre a *identidade do sujeito constitucional* e a noção de *cidadania* no Brasil.

Não há dúvida de que o Brasil nos séculos XVI e XVII foi "essencialmente agrícola".[34] A preocupação com a ocupação do território, aberto pelas rotas dos bandeirantes que partiam da Capitania de São Vicente em busca de índios e de ouro no interior do continente, fez com que surgissem vilas e povoados. Nestor Goulart Reis Filho,[35] ao fazer um estudo sobre a formação urbana no Brasil colonial, pôde demonstrar que entre 1650 e 1720 foram fundadas trinta e

---

[34] PRADO JÚNIOR, Caio. *A questão agrária no Brasil*. São Paulo: Brasiliense, 1981.
[35] REIS FILHO, Nestor Goulart. *Contribuição ao estudo da evolução urbana no Brasil*: 1500-1720. São Paulo: Edusp, 1968. p. 82.

cinco *vilas*, sendo que duas delas foram elevadas à categoria de *cidades*: Olinda e São Paulo.

A antiga Capitania do Rio de Janeiro, que territorialmente abrangia o atual Estado do Rio de Janeiro, o Estado de Minas Gerais e o Estado de São Paulo, foi dividida pelo Rei de Portugal em duas partes: mantiveram-se a Capitania do Rio de Janeiro, onde está o atual Estado do Rio, e a Capitania de São Vicente com abrangência entre os Estados de São Paulo e Minas Gerais.

Constata-se em Nestor Goulart Reis Filho[36] que a antiga capitania de São Vicente foi transformada em Capitania de São Paulo e Minas do Ouro, e o primeiro governador da nova Capitania, Antônio de Albuquerque Coelho de Carvalho, estabeleceu as primeiras vilas em 1711: Vila Rica (atual Ouro Preto) e a Vila de Nossa Senhora de Sabará (atual cidade de Sabará). Dentro desse equacionamento, posteriormente, salienta o referido professor da USP que a região foi dividida em três outras Comarcas: Ouro Preto (com sede em Vila Rica); Rio das Velhas (com sede em Sabará); e Rio das Mortes (com sede em São João Del Rei).

Com isso alguns territórios passam a experimentar um período de relativo dinamismo comercial no século, em especial a referida região das Minas Gerais, de onde o minério era extraído e enviado para a Europa por intermédio de portos situados no sudeste do país, o que aumentou a atenção da Coroa portuguesa em relação ao Brasil e a decisão de elevar o Rio de Janeiro, em 1763, ao patamar de centro político (capital do país).

---

[36] REIS FILHO, Nestor Goulart. *Contribuição ao estudo da evolução urbana no Brasil*: 1500-1720. São Paulo: Edusp, 1968. p. 82.

Segundo dados identificados por Milton Santos,[37] havia, no Brasil, no ano de 1890, apenas três cidades com mais de 100 mil moradores: Rio de Janeiro, com 522.651, Salvador com 174.412 e Recife com 111.556. A cidade de São Paulo, à época, passava apenas da casa dos 50 mil.

A partir da segunda metade do século XIX, devido à fertilidade das terras e a mecanização do território, algumas regiões de São Paulo sofrem profunda modificação com a produção de café, o que colocou o Estado como polo dinâmico e fez com que, aos poucos, surgissem alguns patriarcas de prestígio com fazendas fabulosamente extensas, inaugurando um domínio territorial.

Chega-se, assim, à expressão conhecida de Milton Santos, que é o "meio científico-técnico".[38] Dir-se-á, com o referido geógrafo, que *meio científico-técnico* marca a presença da *ciência* e da *técnica* nos processos de remodelação do território, que foi algo essencial às produções hegemônicas. De forma mais específica, esse *meio técnico-científico* resulta "da adição, ao território, de ciência, de tecnologia, de informação, e cria espaços *inteligentes* numa parte do Brasil, deixando que em outras permaneçam os espaços opacos".[39]

No final do século XIX se conhece a primeira aceleração do congestionamento urbano. O território passou a ser mais fluido em muitas zonas e pontos longínquos; porém ainda com concentração econômica e geográfica que "vai dar, em consequência, uma nova urbanização brasileira".[40]

---

[37] SANTOS, Milton. *A urbanização brasileira*. São Paulo: Edusp, 2009. p. 23.
[38] SANTOS, Milton. *A urbanização brasileira*. São Paulo: Edusp, 2009. p. 37-51. Conferir o capítulo 4 do referido livro.
[39] SANTOS, Milton. *A urbanização brasileira*. São Paulo: Edusp, 2009. p. 131.
[40] SANTOS, Milton. *A urbanização brasileira*. São Paulo: Edusp, 2009. p. 53.

Por outro lado, a organização do espaço nacional com uma divisão regional, a partir desse período "científico-técnico", apresenta "novas hierarquias" (regiões com grande conteúdo em saber/regiões desprovidas dessa qualidade fundamental),[41] inobstante ter aumentado a quantidade de trabalho intelectual.

Com um quadro de aumento de artigos de consumo, se desperta um crescente orgulho nostálgico no país. Entusiasmados por essa "nova era", alguns atores sociais ignoraram a extrema precariedade urbana e se empenharam em construir arquiteturas exuberantes utilizando as mais sofisticadas técnicas de construção da época (torres, colunas, esculturas, esquadrias adornadas...) com o intuito de provocar o fascínio nas pessoas e ligar o momento à prosperidade e à exuberância, inspirados no modelo de civilidade. O produtor agrícola transfere sua residência do campo para a cidade a fim de ganhar acessibilidade física (transportes e comunicações), o que ampliou suas funções em atividades econômicas. Deste modo, com o auxílio da imprensa e das associações locais, as elites econômicas (agrárias, políticas) passaram a encenar uma autêntica ostentação.

Nos primórdios do século XX, a evolução demográfica das capitais já conhecia crescimento significativo. A partir dos anos 1940-1950 atividades industriais incrementam algumas cidades, que ganham enorme relevo, e "entre 1940 e 1980, dá-se verdadeira inversão quanto ao lugar de residência da população brasileira".[42] Nesse contexto, o crescimento da população urbana foi marcante.

Criaram-se condições de integração do país e a economia se desenvolveu, mas do ponto de vista do território

---

[41] SANTOS, Milton. *A urbanização brasileira*. São Paulo: Edusp, 2009. p. 51.
[42] SANTOS, Milton. *A urbanização brasileira*. São Paulo: Edusp, 2009. p. 31.

tomado como um todo, ainda havia uma integração concentrada do ponto de vista econômico e geográfico.

Necessário, pois, dizer, com esteio em Geraldo Serra,[43] que em 1980, "26 milhões de brasileiros, isto é, 22% da população total, viviam em apenas 10 áreas urbanizadas, ocupando uma área equivalente a 0,5% do território nacional (menor do que a de muitos municípios)". Uma comparação nas anotações de Milton Santos[44] pode esclarecer: as cidades milionárias (número de habitantes) "que eram duas em 1960 (São Paulo e Rio de Janeiro) são cinco em 1970, dez em 1980 e doze em 1991". Essa era a realidade da *macrourbanização*. Anote-se outro fato importante: é perceptível que a *espacialização* de algumas empresas começa a acontecer; uma espécie de desconcentração industrial que se verifica com algumas indústrias, mobilizando suas sedes para os municípios no entorno das metrópoles.

E aí se tem a aglomeração como uma adaptação do espaço e a correlação "espaço-poder". Eis a *semiose* (possibilidade do uso de signos — edifícios, monumentos...) como características do comportamento humano que é passível de modificação com o tempo (contexto histórico, social, econômico e político).[45]

Esse caráter semiótico passou a ser visto na arquitetura eclética que procurava traduzir, acima de tudo, o poder, a fortuna, a sedução, o prestígio das famílias tradicionais com seus casarões (simbologia fálica). Ao lado dessa extraordinária prosperidade de interessante patrimônio

---

[43] SERRA, Geraldo. *O espaço natural e a forma urbana*. São Paulo: Nobel, 1987. p. 23.
[44] SANTOS, Milton. *A urbanização brasileira*. São Paulo: Edusp, 2009. p. 83.
[45] SERRA, Geraldo. *O espaço natural e a forma urbana*. São Paulo: Nobel, 1987. p. 113-114.

arquitetônico formava-se uma sociedade empobrecida. A esperada "revolução urbanística" ainda não tinha atingido a *cidade* como um todo.

Em pouco tempo, a complexa organização territorial e urbana no Brasil passou a denunciar alguns problemas sociais. Essa clara realidade pode ser identificada na Região Sudeste, a mais urbanizada, e onde o "meio técnico-científico" (as aspas servem aqui para lembrar que a expressão é de Milton Santos) se afirma mais fortemente em São Paulo (cidade-capital), área polar do Brasil. A distância entre os índices regionais de urbanização cresce.[46]

E aí vem, de perto, um dos problemas crônicos que é a pornográfica desigualdade social. Considerado, portanto, esse desequilíbrio na contemporaneidade, insta lembrar que, em 1940, apenas 26,3% dos brasileiros viviam nas cidades. Hoje são aproximadamente 84,4%. Com isso, vivenciamos alguns exemplos desse cenário de problemas,[47] quais sejam: temos um *déficit habitacional* que chega a 7,7 milhões de moradias; 45 milhões de pessoas não possuem acesso ao serviço de água potável; 83 milhões não têm esgoto sanitário (é uma coleção de tormentos que consumiria todo o espaço se fôssemos listá-los). Conclusão: é claro que, por muito tempo, na história brasileira, houve muita omissão governamental no tocante à *urbanização*. Um problema que todo mundo via e fingia não ver. As favelas cariocas, por exemplo, sempre foram visíveis, desde quando o Rio foi capital. Entrou ano, saiu ano, entrou década, saiu década e o problema cresceu, e, como é natural, a questão ficou

---

[46] SANTOS, Milton. *A urbanização brasileira*. São Paulo: Edusp, 2009. p. 63-72.
[47] Fonte: Ministério das Cidades e Banco Interamericano de Desenvolvimento – BID, 2006.

muito mais difícil de ser resolvida. Hoje, reprime-se um aglomerado habitacional aqui, e ele muda-se para lá. Uma clara resposta de que não adianta tratar o efeito sem antes atacar a causa. Dura, a realidade.

CAPÍTULO 2

A CIDADE COMO LUGAR INSTÁVEL

Aspectos introdutórios

O Instituto Brasileiro de Geografia e Estatística (IBGE), ao divulgar os detalhes do Censo 2010, demonstrou não muitas novidades no país, mas revela algumas curiosidades. O levantamento apontou que a população brasileira cresceu de 169.590.693, do Censo 2000, para 190.755.799, variação de 12,48%. Mais um detalhe: há mais pessoas vivendo em *cidades* (84,4%) do que nos Estados Unidos da América (82%). Outros resultados chamaram a atenção: 55,5% dos domicílios estão conectados à rede de coleta de esgotos. Um terço da população nacional não tem banheiro para usar, ou não os tem em condições recomendáveis do ponto de vista da saúde. Num balanço geral, apesar de o *Atlas de Saneamento 2011*, divulgado pelo IBGE, apresentar um cenário otimista, o Brasil ainda está longe de apresentar para a sua população um serviço sanitário consistente.

Um esboço sobre a difícil formação da urbanização e os desafios no campo da cidadania

Em 1888 aboliu-se a escravidão no Brasil, porém não se aboliu o latifúndio. O país sempre enfrentou esse sintoma, desde sua "descoberta", passando pelas Capitanias Hereditárias (doação de lotes de terra para 13 amigos do Rei de Portugal), até a subdivisão em *sesmarias* (lotes de terra que a Coroa Portuguesa cedia a pessoas que se dispusessem a cultivá-los).[48] É de ressaltar que a Coroa Portuguesa nunca fez qualquer referência à reforma agrária. Daí, a consequência de três séculos de regime de sesmarias desaguarem na existência dos atuais latifúndios.

Com a independência do país, em 1822, o sistema de sesmarias e as Capitanias Hereditárias foram extintos, deixando as grandes propriedades sem nenhum respaldo legal. Somente em 1850, com a Lei de Terras, houve possibilidade jurídica de manter a concentração fundiária, lei que, aliás, foi mantida pela Constituição de 1891 e pelo Código Civil de 1916. Essas eram as legislações que regulavam as propriedades nesse contexto. Sintetiza com muita propriedade Elpídio Nunes que, em 1850, "a Magistratura, vinculada que era aos latifundiários, atuava para impor os rigores da Lei de Terras aos pequenos produtores, tornando ilegais as suas posses".[49]

É oportuno registrar que o Parlamento brasileiro à época era dominado pelos grandes proprietários ao lado dos senhores de escravo. Por essa razão o campo foi fechado

---

[48] LIMA, Ruy Cirne. *Pequena história territorial do Brasil*: sesmarias e terras devolutas. São Paulo: Secretaria de Estado de Cultura, 1990.

[49] NUNES, Elpídio Donizetti. Jurisdição, judicação e tutela legal na teoria do processo contemporâneo. *In: Estudos continuados de teoria do processo*. Porto Alegre: Síntese, 2001. v. 2, p. 219.

para os "pobres" a fim de evitar que eles tivessem livre acesso à terra. Nas fazendas ainda havia o trabalho escravo. Pode-se dizer com José Luiz Quadros de Magalhães que em 1985, os latifundiários (3% dos proprietários) possuíam em torno de 70 a 80% de todas as terras ocupadas no Brasil.

Caio Prado Júnior,[50] em importante estudo sobre o esclarecimento das bases e dos significados de *sociedade civil*, afirmou que todo povo tem na sua evolução certo "sentido" percebido no conjunto dos fatos e acontecimentos essenciais num largo período de tempo. Podemos dizer, em resumo, que Prado Júnior concluiu que das três raças que entraram na constituição do Brasil, duas, pelo menos, os indígenas e africanos, trazem à baila importante cabedal de registros na formação brasileira, na medida em que possuíam culturas largamente díspares e foram arrebanhadas pela força. Urge perceber que, aqui no Brasil, tratou-se, desde o início, de aproveitar o *índio* não apenas para obtenção do tráfico mercantil, mas sim como elemento *participante* da colonização, porque os "colonos viam nele um *trabalhador* aproveitável (...), um povoador para a área imensa que tinha que ocupar".[51] Observa-se que povos *africanos* que contribuíram para essa parte da população civil da colônia brasileira como escravo e trabalhador (mão de obra a bom preço) não foram educados, a não ser nos eitos e senzalas. Não se queria do escravo negro mais do que a sua força bruta, sob a direção do feitor. Os *brancos*, por sua vez, até princípios do século XIX, entram na composição da população brasileira como

---

[50] PRADO JÚNIOR, Caio. *Formação do Brasil contemporâneo*. São Paulo: Brasiliense, 2006. p. 19.
[51] PRADO JÚNIOR, Caio. *Formação do Brasil contemporâneo*. São Paulo: Brasiliense, 2006. p. 91.

algo quase só de origem portuguesa.[52] Até aqui, ainda com apoio em Caio Prado Júnior, percebe-se que a escravidão brasileira teve características próprias e ofereceu um triste cenário humano. Com esse caldeamento, os indivíduos mal se fundamentaram num todo coeso.

É preciso dizer que as leis que antecederam a abolição nem sempre provocaram resultados eficientes. Como é sabido, o Brasil, ao tempo da Monarquia, ao cabo do século XIX, era um país essencialmente agrário, voltado para a produção quase exclusiva de café e cana-de-açúcar, com mão de obra completamente escrava. Nessa perspectiva, em 1845, surgiu a lei que previa sanções no caso de tráfico de escravos. Já em 1871, foi adotada a Lei do Ventre Livre (que dava liberdade aos filhos de escravos nascidos a partir de sua edição). Em 1885, garantiu-se liberdade aos que completassem 60 anos (com a obrigação de prestar serviços, a título de indenização ao senhor, por três anos). Por fim, em 1888, a Princesa Isabel sancionou a Lei João Alfredo, mais conhecida como "Lei Áurea", apesar dos protestos de alguns poucos parlamentares contrários à abolição (Barão de Cotegipe e de Paulino de Sousa), que alegavam que no futuro haveria grave perturbação da ordem no Brasil. À época, havia, pois, no país, aproximadamente 600 mil escravos (ou, mais tarde, conhecidos como "libertos").[53]

Esse bosquejo permite explicitar, agora com Florestan Fernandes,[54] que as fugas em massa dos escravos se tornaram incontroláveis, e, nas zonas onde a prosperidade econômica um dia reinou, agora desaparecera. Com esse quadro

---

[52] PRADO JÚNIOR, Caio. *Formação do Brasil contemporâneo*. São Paulo: Brasiliense, 2006. p. 85-86.

[53] Fonte: *Jornal do Senado*, Rio de Janeiro, segunda-feira, 14 maio 1988.

[54] FERNANDES, Florestan. *A integração do negro na sociedade de classes*. São Paulo: Ática, 1978. v. 1, p. 16.

deficitário, a bem da verdade os "senhores" livraram-se de obrigações onerosas e incômodas. Tem-se, aí, uma das primeiras causas desse processo de transferência para *cidade* por causa das oportunidades precárias oferecidas no campo. Pois bem. Em seguida à Abolição, na excelente pesquisa de Florestan Fernandes, os *ex-cativos*, sem aptidão para a vida social moderna, expostos ao interesse da classe dominante, tiveram que concorrer com os *imigrantes europeus* que absorveram as melhores oportunidades de trabalho livre e independente.[55] O grande proprietário dava preferência ao imigrante, e, não à toa, algumas cidades tornaram-se cidades "estrangeiras", como São Paulo, por exemplo. Essa nossa análise, mesmo que breve e perfunctória, permite considerar que ao negro, mal-arranjado no mercado de trabalho e sem instrução escolar mínima, couberam as piores ocupações. Os velhos trabalhavam nas fainas agrícolas (chamados "negros da lavoura") e as mulheres, como criadas (havendo quem preferisse a cozinheira "de cor").[56] Como visto, para sobreviver, tinham que aceitar o que aparecesse pela frente. Como escreve Florestan, a escravidão deformou o agente de trabalho.[57] Foram excluídos, como categoria social,

---

[55] FERNANDES, Florestan. *A integração do negro na sociedade de classes*. São Paulo: Ática, 1978. v. 1, p. 16-17.

[56] Muitos se entregaram à ociosidade, em pequenos grupos de encontro pelas esquinas e botequins, o que desencadeou comentários de desmoralização, como, por exemplo, o de que o negro não gostava de trabalhar; era, pois, um "vagabundo", "desordeiro", "mulher à toa". Dessa forma, na *cidade*, temia-se pela "segurança da ordem" e pela "moralidade dos bons costumes", e a polícia frequentemente era chamada para dispersar as "rodas de encontro". Criou-se, assim, uma permanente desconfiança que levava a polícia a "tê-los de olho". Aparece aí a estigmatização do "homem de cor" (FERNANDES, Florestan. *A integração do negro na sociedade de classes*. São Paulo: Ática, 1978. v. 1, p. 79-81).

[57] FERNANDES, Florestan. *A integração do negro na sociedade de classes*. São Paulo: Ática, 1978. v. 1, p. 52.

das tendências modernas de expansão do capitalismo à época. Essas pessoas, evidentemente, não encontraram as vantagens típicas de uma grande *cidade*. O impacto dessa situação criou contrariedades e humilhações, mas um número ínfimo de antigos ex-escravos, os "protegidos" pelas famílias tradicionais, ainda chamados "crias da casa", desempenharam, no recinto do inconformismo, um papel histórico considerável.

O fato é que é muito difícil reconstruir e interpretar com objetividade as disposições que orientaram os desajustamentos da sociedade brasileira e os consequentes desdobramentos no setor de urbanização. Mas, em sumária e imperfeita condensação, evidencia-se que até 1950, 80% da população brasileira vivia na zona rural, e, na década de 60, com um crescimento econômico vigoroso, média de 10% ao ano (o chamado milagre econômico), o país sofreu os efeitos de uma industrialização que modificou a cena histórica brasileira progressivamente. Na acertada pesquisa de Josué de Castro,[58] fome e pobreza já andavam juntas e o processo migratório das Regiões Norte e Nordeste ajudou a instaurar um novo padrão de *urbanização*, totalmente desorganizado. Em consequência, os muitos migrantes sem-teto se portavam às margens das *cidades*, ocupando a periferia e morros em condições de vida e trabalho precários. Não foi outro o quadro na construção da cidade de Brasília, que, levantada rapidamente no meio do cerrado por milhares de nordestinos, viu a formação de alguns bolsões de miséria com a expulsão dos candangos para as cidades-satélites.[59]

---

[58] CASTRO, Josué de. *Geografia da fome*. Rio de Janeiro: Civilização Brasileira, 2006.
[59] GALEANO, Eduardo. *As veias abertas na América Latina*. São Paulo: Paz e Terra, 2008. p. 117.

E o mais grave é que a 30km do Palácio do Planalto há a segunda maior favela do país, a Sol Nascente, com 56.483 moradores, por dados do IBGE.[60]

A *cidade* como espaço dado pelos civis ao povo

O fato de a *cidade* ter-se tornado o ponto de fixação do homem é tema de várias reflexões. Olhando mais de perto o assunto é possível entender que os antigos conceitos de *sociedade civil* costumam alicerçar alguns entendimentos ligados ao tema. Foi assim que Rosemiro Pereira Leal chamou a atenção para o fato de se "remover o engano dos dicionaristas de traduzir *civilis* (latim) como qualificativo de cidadão",[61] porque se a sílaba *ci* (da palavra civil) significa em italiano "aí", quer dizer, lugar (espaço) e a outra sílaba *villa* traduzível como "casa" (índice patrimonial da esfera humana-clã), não teríamos, jamais, a rigor, na conclusão do referido professor, a palavra *civilis* como sinônimo de *civil*, pois *cidadão* seria o habitante da *cidade*, o lugar (o espaço) dado pelos *civis* (pessoas patrimonializadas) ao *povo* (o errante, tonto, vadio, despossuído, o à margem da lei), que quando adotado pelos *civis* (que decidem e controlam a vida do *povo*), torna-se livre de sua vida errante, vadia...

Eis que o citado processualista conclui que o *governo civil* quando dirigido ao "povo adotado" assegura a este

---

[60] Nesse sentido, indica-se um trabalho primoroso, assinado pelo Professor do Departamento de Geografia da USP, José William Vesentini, sobre as disparidades entre o plano piloto e as cidades-satélites (Cf. VESENTINI, José William. A construção do espaço e dominação: considerações sobre Brasília. *Teoria & Política*, São Paulo, ano 2, n. 7, 1985.

[61] LEAL, Rosemiro Pereira. Processo civil e sociedade civil. *Virtuajus*, Belo Horizonte, ano 4, n. 2, p. 1-9, dez. 2005. Disponível em: <http://www.fmd.pucminas.br/Virtuajus/2_2005/Docentes/PDF/processo%20civil%20e%20sociedade%20civil.pdf>. Acesso em: dez. 2010.

um *vilejar* (andar na vila), enquanto a outros (os não adotados) é reservado um espaço sem *vila*, isto é, uma cidade sem edificações arquitetônicas (favelas, acampamentos...), o que faz com que os *civis* "sintam-se ameaçados em seus padrões *civilizatórios* por aqueles que transitam na *cidade* ainda não devidamente *cidadanizados*". Se entendermos as observações de Rosemiro Leal quanto à expressão "civil" no processo "civilizatório" da humanidade, não inocentaremos o cotidiano com suas conhecidas expressões largamente utilizadas: "construção civil", "engenheiro civil", "desobediência civil", "guerra civil", "polícia civil", "ação civil", "direito civil", "casa civil", "juízo cível", tudo a indicar que os *civis* decidem e controlam as estruturas organizativas.[62]

Num outro giro, a história da colonização é conhecida, bem como o efeito imediato da conquista do *civil* por meio do polimento ao *sem-cidade*. Assim, o *civil* é o "homem-polido" que para *civilizar* o outro precisa lavar, escovar, refinar, arear, limpar, polir com substância saponácea o *outro*. É o famoso banho de *civilização*.[63] Depois do polimento virá um mundo *civilizado* (o mais sedutor dos mundos), e como hão de estar todos refinados, apurados, brilhantes como prata polida, ao menos 90% da matéria bruta, os *civis* serão mais bem compreendidos quando

---

[62] LEAL, Rosemiro Pereira. Processo civil e sociedade civil. *Virtuajus*, Belo Horizonte, ano 4, n. 2, p. 1-9, dez. 2005. Disponível em: <http://www.fmd.pucminas.br/Virtuajus/2_2005/Docentes/PDF/processo%20civil%20e%20 sociedade%20civil.pdf>. Acesso em: dez. 2010.

[63] A *civilização* como colonização que explora vidas humanas com a usurpação e o saqueio das riquezas nativas na América Latina é muito bem denunciada por Eduardo Galeano em seu importante livro *As veias abertas da América Latina*. Como se vê, a espoliação fez fluir a riqueza lastreada nas filigranas de ouro e prata que escorriam da América como veias abertas, senão ao preço do genocídio nativo. Foi um eclipse que durou quase 500 anos. Essa rapinagem que sulcava a América Latina como uma mina ou armazém de víveres incubou o capitalismo moderno (GALEANO, Eduardo. *As veias abertas na América Latina*. 48. ed. São Paulo: Paz e Terra, 2008).

disserem que estão destinados a serem os *senhores* da *cidade*. Ilusão coletiva. Esses senhores de nome nobre, cérebros sábios, capazes de pensar máquinas de engenho, seriam, no depois, ferozes e implacáveis. O *povo* soube muito bem a condição de ser *escravo*, animal de força bruta. Sem dúvida, a luta pelos direitos civis (luta pelos iguais direitos dos *civis*) foi um momento de grande importância para a identidade nacional.

Evidente que a dita aparência de *cordialidade* do futuro *senhor*, até onde se pode ver, é coisa ilusória, fantasiosa. No "homem cordial", de Sérgio Buarque de Holanda, expressão tomada por empréstimo de Ribeiro Couto, a vida em sociedade é, de certo modo, uma verdadeira libertação do pavor.[64] Assim, o "homem cordial" não pressupõe bondade (o excesso de gentileza é fictício). Tudo nele são aparência e mesquinhez que se opõem à polidez. Ele é tramado, opaco, alheio e indesculpavelmente sujo a valer. Empenha-se numa grande caridade por ele mesmo. Veste uma máscara que jamais sai, porque pregada à cara. Por isso ele não consegue se ver no espelho, a não ser a sua marca pessoal: a vileza. Sem dúvida, é um sujeito que conhece a técnica da traição e da intriga. É ardil, senão pior. Eis aí, em apertada síntese, a noção de sujeito "polido".

Sigmund Freud, em "ruidoso" livro, apontou um déficit de *civilização* ao dizer que "o que chamamos de nossa civilização é em grande parte responsável por nossa desgraça (...)".[65] A singeleza dessa afirmação nomeia a "agressividade" como pedra angular da humanidade e

---

[64] HOLANDA, Sérgio Buarque. *Raízes do Brasil*. São Paulo: Companhia das Letras, 1996. p. 147.
[65] FREUD, Sigmund. *O mal-estar na civilização*. Rio de Janeiro: Imago, 1997. p. 38.

confirma o sadismo como uma das formas de busca do prazer. É que para a teoria freudiana a *cultura* é um efeito do recalque e todos nós seríamos selvagens reprimidos. Partindo desse enfoque, a figura do outro é um *objeto* que serve para satisfazer a nossa agressividade. Daí o motivo de a *civilização* estar num constante mal-estar.

Percebe-se, então, até agora, de forma nítida, que a *identidade do sujeito constitucional* não é um fato que se registra em um instante preciso da história brasileira, como no Império e na República; muito menos na data abolicionista de 1888 ou nos períodos de Estado Novo (1937-1945) e regime militar (1964-1985). Sem dúvida, todos eles são pontos culminantes que alargaram o horizonte, abrindo novas perspectivas à democratização e aplicação dos direitos e garantias fundamentais. Mas, antes de tudo, é um procedimento difícil, lento e que ainda não cessou.

De conseguinte, a palavra *cidadania* nos desdobramentos do constitucionalismo se deu pelo acréscimo de teorias criadas pelo homem (reivindicações, lutas, conquistas de direitos fundamentais), e não pela repetição histórica da *CIDADE* como o lugar dado ao *CIVIL* em negativa ao *POVO* (o pobre, o paupérrimo, o excluído, o marginalizado, o inexistente, o fora do conjunto, o *não-ser*). Sob esse enfoque, para evitar o privilégio-benefício de alguns grupos, em desprezo de outros (o que transformaria o Direito em meio de dominação), é que há necessidade de trabalharmos um planejamento governamental discutido, construído e compartilhado pela prática da soberania popular.

O cortiço como antessala da favela

Com o inchamento das cidades, de forma mais estridente aparecem como forma habitacional os *cortiços*, arrolando um conjunto de precariedades. A situação de penúria de muitos habitantes com rendas ínfimas e que se refugiavam como podiam nos centros urbanos concentra trabalhadores e aparece aí a estigmatização de uma chamada "classe perigosa" (vadios, malandros, meliantes...).

Nessas condições tem-se o *cortiço* como *locus* da pobreza e da violência, bem como um espaço geográfico e social considerado pelo discurso médico-higienista como antro de epidemias.[66] É desse modo que na capital da República o país conheceu o "Cabeça de Porco", o maior cortiço do Rio de Janeiro, com aproximadamente quatro mil moradores, para onde iam os mais pobres e necessitados, e que foi abaixo em 1893, por determinação do então prefeito Barata Ribeiro.[67] Uma reação dessa ordem foi feita a partir de 1902, com Rodrigues Alves, eleito presidente da República, com o objetivo de modernização urbana da capital federal.

Cabe, todavia, levantar uma importante questão: muitos estudiosos dos cortiços no Rio de Janeiro demonstram que essa forma habitacional correspondeu à "semente

---

[66] Conferir na literatura o trabalho de vários historiadores: BENCHIMOL, Jaime Larry. *Pereira Passos*: um Haussmann tropical. Dissertação (Mestrado em Planejamento Urbano) – COPPE, UFRJ, 1982; ROCHA, Oswaldo Porto. *A era das demolições*: cidade do Rio de Janeiro: 1870-1920. Rio de Janeiro: Secretaria Municipal de Cultura, Departamento Geral de Documentações e Informação Cultural, Divisão de Editoração, 1986. CARVALHO, Lia de Aquino. *Contribuição ao estudo das habitações populares*: Rio de Janeiro, 1886-1906. Rio de Janeiro: Secretaria Municipal de Cultura, Departamento Geral de Documentações e Informação Cultural, Divisão de Editoração, 1986. CARVALHO, José Murilo de. *Os bestializados*: o Rio de Janeiro e a República que não foi. São Paulo: Companhia das Letras, 1987. CHALHOUB, Sidney. *Cidade febril*: cortiços e epidemias na Corte imperial. São Paulo: Companhia das Letras, 1996.

[67] VAZ, Lilian Fessler. Notas sobre o Cabeça de Porco. *Revista Rio de Janeiro*, n. 2, abr. 1986.

da favela".[68] Aqui um traço essencial sobressai: é a explicação da origem do termo "favela", em português brasileiro, que se liga ao Morro da Providência, no Rio de Janeiro, que mais tarde passou a ser conhecido como "Morro da Favela". Assim, a peculiaridade da terminologia parte do acontecimento histórico conhecido por "Guerra de Canudos". Explica-se: é que alguns dos soldados que foram para a guerra, ao regressarem ao Rio de Janeiro, em 1897, deixaram de receber o soldo, não restando alternativa a não ser partir para a construção de barracos de habitação sobre o Morro da Providência, o qual mais tarde passou a ser denominado popularmente de Morro da Favela, por ocasião de a região ser encoberta por uma planta que pega em qualquer terreno (dos alagados às duras secas), popularmente chamada de favela ou faveleira (*Cnidoscolus phyllacanthus*).

Com isso, o comportamento de construir barracos sem valor de mercado em cima do morro acabou emprestando sentido aos "aglomerados de casebres sem traçado, arruamento ou acesso a serviços públicos, construídos em terrenos públicos ou de terceiros, que começam a se multiplicar no centro e nas zonas sul e norte da cidade do Rio de Janeiro".[69] E aí ocorrem os problemas candentes da urbanização na cidade, que, aliás, diga-se de passagem, já teve os préstimos do francês Alfred Agache (fundador da Sociedade Francesa de Urbanistas), como responsável pelo plano urbanístico do Rio (1928 e 1932).

---

[68] VALLADARES, Licia. A gênese da favela carioca. *Revista Brasileira de Ciências Sociais*, v. 15, n. 44, p. 7, out. 2000.

[69] VALLADARES, Licia. A gênese da favela carioca. *Revista Brasileira de Ciências Sociais*, v. 15, n. 44, p. 7, out. 2000.

Plasticidade habitacional e ocupações irregulares: notas sobre a tipologia residencial denominada de *favela*

Neste tópico haverá várias citações de uma pesquisa que a autora, Licia Valladares, desenvolveu enquanto bolsista da CAPES e enquanto realizava seu pós-doutoramento junto ao laboratório *Culture et Société Urbaines*, na França. A nossa insistência em fazer uso recorrente de seu trabalho justifica-se pela sua pioneira ideia de divulgar vários trabalhos e observações *anteriores* às ciências sociais.

Lembra a ilustrada autora que nem nos países europeus, nem no Brasil, a descoberta da pobreza deveu-se aos cientistas sociais, mas sim aos "profissionais ligados à imprensa, literatura, engenharia, medicina, ao direito e à filantropia" que passaram "a descrever e propor medidas de combate à pobreza e à miséria".[70]

Como bem anota a pesquisadora, foi apenas na segunda década do século XX que houve uma ampla divulgação por parte da imprensa, a qual passa a utilizar a palavra "favela" de forma substantiva, e não mais em referência ao Morro da Favela, no Rio de Janeiro. Surge, então, uma nova categoria para designar as aglomerações pobres, de ocupações irregulares, geralmente localizadas em encostas.[71] E a partir disso tem-se, no início do século XX, a descoberta da *favela* e sua transformação em problema

---

[70] VALLADARES, Licia. A gênese da favela carioca. *Revista Brasileira de Ciências Sociais*, v. 15, n. 44, p. 6, out. 2000.

[71] A gênese da favela carioca. *Revista Brasileira de Ciências Sociais*, v. 15, n. 44, p. 7, out. 2000. Conferir o material de apoio da referida pesquisadora: ABREU, Mauricio de. Reconstruindo uma história esquecida: origem e expansão das favelas do Rio de Janeiro. *Espaços & Debates*, Rio de Janeiro, v. 14, n. 37, p. 34-46, 1994.

no debate político e social com uma série de literatura específica sobre o tema.⁷²

Na definição usada pela ONU, *favelas* são áreas urbanas em que a maioria dos residentes vive aglomeradamente em habitações ilegais desprovidas de água tratada e saneamento. Importante lembrar que não há uma definição consensual: "assentamento precário", "área em que não há título de propriedade", "ocupação desordenada", "áreas sem via de acesso", "áreas onde não existe a presença do Estado", etc. No Brasil, o IBGE usa a definição de "aglomerados subnormais" e chega a 6,6 milhões o número de brasileiros que vivem nesses espaços. Estima-se que, no Rio de Janeiro, com aproximadamente 5,6 milhões de habitantes, 20% da população moram em comunidades carentes.⁷³

---

⁷² A propósito, algumas contribuições em reuniões científicas, pesquisas em âmbito de mestrado e doutoramento, livros e artigos publicados por diversas revistas que enfrentaram o tema. Para uma bibliografia, ver ZALUAR, Alba; ALVITO, Marcos. *Um século de favela*. Rio de Janeiro: Fundação Getulio Vargas, 1998; VALLADARES, Licia. A gênese da favela carioca. *Revista Brasileira de Ciências Sociais*, v. 15, n. 44, out. 2000; RIBEIRO, Luiz Cesar de Queiroz. *Dos cortiços aos condomínios fechados*: as formas de produção da moradia na cidade do Rio de Janeiro. Rio de Janeiro: Civilização Brasileira, 1997; GOULART, José Alípio. *As favelas do Distrito Federal*. Rio de Janeiro, Serviço de Informação Agrícola, Ministério da Agricultura, 1957; OLIVEIRA, Jane Souto de; MARCIER, Maria Hortense. A palavra é: favela. In: ZALUAR, A.; ALVITO, M. (Org.). *Um século de favela*. Rio de Janeiro: Fundação Getulio Vargas, 1998; VALLA, Victor Vincent et al. *Educação e favela*: políticas para as favelas do Rio de Janeiro 1940-1985. Petrópolis: Vozes; Abrasco, 1986; PARISSE, Lucien. *Favelas do Rio de Janeiro*: evolução: sentido. Rio de Janeiro, Centro Nacional de Pesquisas Habitacionais, 1969a. (Caderno do CENPHA, 5); PREFEITURA DO DISTRITO FEDERAL. *Censo das favelas*: aspectos gerais. Rio de Janeiro, Secretaria Geral do Interior e Segurança, Departamento de Geografia e Estatística, 1949.

⁷³ MAGALHÃES, Sérgio. *Sobre a cidade*: habitação e democracia no Rio de Janeiro. São Paulo: Pro Editores, 2002. p. 88. A Prefeitura do Rio, em junho de 2011, por intermédio do Instituto Pereira Passos (IPP) e da Secretaria Municipal de Habitação (SMH), depois de alguns estudos, chegou à conclusão de que há 44 favelas a menos na cidade (de um total de 582, apesar de haver quem catalogue número bem maior), dando um novo desenho ao

Outro aspecto que merece destaque no referido artigo é que um dos primeiros trabalhos publicados sobre *favela* foi o do médico Victor Tavares de Moura, em 1943, intitulado "Favelas do Distrito Federal", muito embora o Rio de Janeiro fosse a capital federal e tivesse na prefeitura um Departamento de Geografia e Estatística.

Nesse relatório, levantado por Victor Moura, quase que aos moldes de um censo prévio das favelas, e que foi encaminhado ao secretário de Saúde e Assistência, publicizou-se a complexidade do assunto e até a desmistificação da visão de que a origem da *favela* "é sempre a invasão de terrenos de propriedade privada ou pública". Nesse "censo prévio", de Victor Moura, foi possível detectar moradias que foram autorizadas e que até receberam auxílio dos proprietários a fim de estes obterem uma renda com o *aluguel* do chão ou do barraco, o que foi confirmado pelo primeiro *Censo das Favelas*, em 1949.[74] Somente no final dos anos 1940, segundo a autora, é que o conhecimento sobre as favelas foi oriundo de órgãos oficiais voltados para a coleta de informações. E arremata: "passados 50 anos do nascimento da primeira favela é que foi tomada a decisão de realizar recenseamentos específicos sobre esse tipo de aglomerado e seus habitantes".[75] Por esse motivo, depois de ler importante material de estudo ora analisado, é que

---

mapa das comunidades cariocas. É que com um trabalho de *planejamento* urbano da cidade, segundo o IPP, conseguiu-se transformar algumas *favelas* em "comunidades urbanizadas". Desta forma, num novo levantamento, retiraram-se da lista as localidades "Cantagalo", "Pavão-Pavãozinho", "Dona Marta", "Vidigal", entre outras. Nesta perspectiva, referidas áreas passaram a ter condições de infraestrutura iguais às de um bairro (Disponível em: <http://www.rio.rj.gov.br/web/ipp>).

[74] VALLADARES, Licia. A gênese da favela carioca. *Revista Brasileira de Ciências Sociais*, v. 15, n. 44, p. 20-21, out. 2000.

[75] VALLADARES, Licia. A gênese da favela carioca. *Revista Brasileira de Ciências Sociais*, v. 15, n. 44, p. 23, out. 2000.

arrematamos à guisa de conclusão: quando a atitude devida não é adotada em seu tempo, depois tudo fica mais difícil.

Com efeito, uma explicação: ao longo da história sempre houve um discurso centro-rico *versus* periferia-pobre. Aliás, as desigualdades socioeconômicas e a segregação residencial urbana sempre estiveram ligadas à condição de que as classes altas e médias se concentravam nos bairros mais centrais, portadores de melhor infraestrutura; as classes baixas, *expulsas* para áreas periféricas, tiveram que criar sua solução residencial. Aparece aí o estigma de que *favela* é espaço de pobres, marginalizados, de sem-teto; uma característica extremamente excludente, discriminatória e antidemocrática da nossa sociedade. O descaso chegou a tal ponto que algumas regiões sequer aparecem em mapas oficiais. No destaque de Sérgio Magalhães, direcionado para a realidade do Rio de Janeiro,

> a habitação produzida pelos pobres fora do sistema oficial não correspondia, obviamente, ao modelo "racional", "padronizado", e com isso se fortalecia o pensamento de reação: a cidade oficial/formal não poderia conviver com a cidade informal. Era preciso impedir as novas construções, demolir as existentes, remover. Devido a essa "racionalização" — e não àquela racionalidade — é que por décadas se deu o combate acirrado à favela. No Rio, durante os anos 60, essa política alcançou o ápice, com a remoção de favelas da Zona Sul, Zona Norte e a transferência dos moradores para a Cidade de Deus, Vila Kennedy e demais conjuntos...[76]

No entanto, a favela hoje não pode mais ser vista tão somente como *habitat* dos pobres. Tem mais: a favela

---

[76] MAGALHÃES, Sérgio. *Sobre a cidade*: habitação e democracia no Rio de Janeiro. São Paulo: Pro Editores, 2002. p. 24.

caminha para a sua urbanização, pouco a pouco. A favela deixa de ser favela e se transforma em bairro com água, esgoto, luz, telefone, internet, TV a cabo.[77] É fato que há um maior número de pessoas com menor condição financeira nessas áreas urbanas, mas hoje as favelas atendem outras classes sociais, o que requer pesquisa e análise. Nesse passo é bom lembrar que "a favela não reúne todos os pobres de uma cidade, e nem todos os que nela vivem podem ser definidos segundo os mesmos critérios de pobreza".[78] Daí, interessante é fazer um levantamento de quais seriam as razões que levaram as pessoas a se instalarem nas favelas. Ao que tudo indica muitos outros fatores são considerados, que não tão somente renda.

De fato, nos anos 1940 até 1980, no Rio de Janeiro, "dezenas de favelas foram removidas e centenas de milhares de pessoas transferidas, quase sempre, para conjuntos residenciais, muitas vezes distantes de seus locais de origem".[79] E aí se tem o seguinte quadro: no Império, o alvo de preconceito eram os *cortiços*; na República, as *favelas*.

Na contemporaneidade "habitação, emprego, segurança, educação e saúde não podem ser tratados dissociados do território".[80] E sob o ponto de vista atual, a remoção de favelas é algo superado, salvo se área de alto risco.[81]

---

[77] MAGALHÃES, Sérgio. *Sobre a cidade*: habitação e democracia no Rio de Janeiro. São Paulo: Pro Editores, 2002.
[78] SANTOS, Milton. *O espaço dividido*. São Paulo: Edusp, 2008. p. 75.
[79] MAGALHÃES, Sérgio. *Sobre a cidade*: habitação e democracia no Rio de Janeiro. São Paulo: Pro Editores, 2002. p. 97.
[80] MAGALHÃES, Sérgio. *Sobre a cidade*: habitação e democracia no Rio de Janeiro. São Paulo: Pro Editores, 2002. p. 114.
[81] Conferir a regularização fundiária dos assentamentos irregulares (favelas, loteamentos clandestinos) em Lígia Melo (*Direito à moradia no Brasil*: política urbana e acesso por meio da regularização fundiária. Belo Horizonte: Fórum, 2010).

Territórios e fragmentação

Até agora foi possível perceber que o processo de concentração da economia é rápido e que influencia no "arranjo espacial das cidades", as quais passam a sofrer profundas metamorfoses. É possível aprender com Rogério Haesbaert[82] que o termo *território*, raro até o século XVII, tornou-se comum juntamente com a expansão burguesa, a partir do século XVIII, e que a geografia tradicional, a qual dava maior atenção às fronteiras do que às vias de circulação, passou a ter os seus conceitos básicos colocados em xeque.

Desta forma, na leitura do autor, no mundo contemporâneo, extrai-se que *espaços* cujos grupos se fixam e se prendem a identidades não são mais os mesmos principalmente em razão de *redes* de dimensão planetária (capital financeiro e sociedade de consumo), que promovem múltiplas interações entre territórios e novas formas de dimensão do espaço (econômica, política, "cultural").[83] O que se vê, portanto, são relações muito complexas de fragmentação dos territórios, e as cidades atuais (as metrópoles, sobretudo, por serem corporativas) prestam-se à recriação ininterrupta desse tipo de segmentação. Dentro desse equacionamento, olhando mais de perto, pode-se pensar o caso de algumas regiões que sofrem *migração* das lavouras de açúcar (em detrimento da mecanização do campo) para a construção civil (aquecimento do setor imobiliário e busca de mão de obra barata), que foram fatores decisivos para essa mudança.

---

[82] HAESBAERT, Rogério. *Territórios alternativos*. Niterói: Ed. UFF; São Paulo: Contexto, 2002. p. 120.

[83] Sobre o conceito de "determinismo geográfico", isto é, que as diferenças do ambiente físico condicionam a diversidade cultural, conferir: LARAIA, Roque de Barros. *Cultura*: um conceito antropológico. Rio de Janeiro: Jorge Zahar, 2006. p. 21.

Cabe acrescentar que com o inchamento das cidades, as favelas, que eram situadas em alguns pontos caracteristicamente ao redor delas, passam a ser verificadas de forma mais difusa. Assim, novos loteamentos clandestinos vão se formando e se desenvolvem com intensidade crescente; novas "cidades" são construídas no vácuo do Estado, aparentemente sem vitória possível. A pobreza se "urbaniza" e em alguns pontos é impossível ter policiamento, transporte coletivo e coleta de lixo, pois não há passagens nas ruas. Sem água potável, não raro a luz é clandestina, puxada do poste da rua. Em face dessas condições, muitas crianças andam descalças e dormem no chão de casebres que geralmente são encontrados ao lado de riachos de esgoto. Pode-se sentir "segurança jurídica" sob tal realidade? Tudo isso são feições bem características da pobreza humana em nosso país, que até se empenha em desarmar tais problemas, em negar todo esse lado subumano, mas o avanço ainda é lento. Não há como negar que a pornografia, nunca definida, apenas apontada,[84] aparece geralmente associada à perversão sexual. Escapa-nos essa verdade, pois ela também se expressa com muita originalidade em alguns *indicadores sociais*.

Tais casas, desacompanhadas de licença de autoridades municipais, título de domínio e outros elementos físicos (infraestruturais e ambientais) se ligam à exclusão social, e não se diga que *apartheid* social é tão somente um problema de algumas poucas cidades, mas sim da grande maioria dos mais de cinco mil municípios brasileiros.

Essa ocupação caótica, em um cenário de carência habitacional, gera transtornos quase sem chances de êxito, pois, muitas vezes, as condições de salubridade e segurança

---

[84] WITOLD, Gombrowicz. *A pornografia*. Rio de Janeiro: Nova Fronteira, 1986.

de muitas habitações colocam em risco a vida de seus moradores. Identificados os problemas, devemos lidar com eles maduramente. Uma palavra a mais sobre a trilha aberta pela Constituição Brasileira. Não à toa, a urbanização de favelas é a solução acertada para minorar o problema da apropriação indevida do espaço público. Ao lado, outros assuntos ligados à política pública são debatidos à exaustão para que o crescimento das cidades não leve à favelização. Contudo, a questão não se apresenta fácil. Aliás, resultado para lá de previsível, em se tratando de política socioeconômica brasileira.

O certo é que as favelas, na acertada fala de Elza Maria Alves Canuto, "não podem mais ser consideradas intrusas no espaço. A cidade formal ao chegar até elas, as tem, queira-se ou não, como extensão de si mesmas".[85]

O problema da pobreza e a divisão do espaço

Milton Santos (1926-2001), um dos expoentes do movimento de renovação crítica da Geografia, é, decerto, uma sólida referência no re-pensar o conceito de *território* e *espaço*, pois deixou um legado ao dedicar extraordinárias conclusões voltadas ao aspecto humano, à geografia urbana, à teoria em geografia humana, às condições de vida das populações mais pobres da cidade, a fim de restaurar direitos e afirmar igualdades. Foi assim que o saudoso professor da USP reflete também a organização do espaço, que tem os mesmos componentes, mas que "variam quantitativa e qualitativamente segundo o lugar. Daí vêm as diferenças

---

[85] CANUTO, Elza Maria Alves. *Direto à moradia urbana*. Belo Horizonte: Fórum, 2010. p. 103.

entre espaços".⁸⁶ Por isso que toda essa seletividade do espaço vai de encontro ao tema da exploração tecnológica sob a ótica da geografia e as consequentes escolhas feitas pelo planejamento urbano ao longo da história.

A pergunta de Milton Santos "por que existem pobres?" é congênita a outra: "o que é pobreza?" As respostas são as mais difíceis; não há explicação fácil para a pobreza, e, além de uma "guerrilha semântica" confusa para se referir à *pobreza* ("exército industrial de reserva", "superpopulação relativa", "massa marginal", "pobreza oficial", "reserva da reserva") há várias teorias que enfrentam o problema de forma pendular, passando pelo "reduzido poder de compra"⁸⁷ (*pobreza*) até à privação da satisfação de algumas "necessidades vitais de maneira que a saúde e a força física tornar-se-íam precárias a ponto de fazer perigar a própria vida" (*miséria*).⁸⁸ O certo é que não há causa única, mas uma série de fatores combinados. As raízes de tantas carências acumuladas na base miserável da sociedade geram uma "crise urbana" e evidenciam que a ação do Estado é algo inevitável.⁸⁹ Houve sempre um dualismo a impulsionar

---

⁸⁶ SANTOS, Milton. *O espaço dividido*. São Paulo: Universidade de São Paulo, 2008. p. 20.

⁸⁷ LEWIS, O. The possessions of the poor. *Scientific American*, p. 113-124, oct. 1969.

⁸⁸ SANTOS, Milton. *Pobreza urbana*. São Paulo: Edusp, 2009. p. 17. Conferir ainda: CASTRO, Josué. *Geografia da fome*. 6. ed. Rio de Janeiro: Civilização Brasileira, 2006.

⁸⁹ Para nortear um pouco melhor o assunto referente à *pobreza*, o governo federal, em 2011, definiu como público-alvo de combate à miséria os brasileiros com renda mensal máxima por pessoa de até 1/8 do salário mínimo. Dessa forma, segundo o Ministério do Desenvolvimento Social, o Brasil possui um contingente de 16,2 milhões de pessoas ou 8,5% da população na linha de *miséria*. Conforme os dados, quase 60% dessa população estão concentradas no Nordeste (9,6 milhões) e 53% vivem em *áreas urbanas*. Segundo o IBGE, nesse universo de pobreza extrema, são analfabetos mais de

a discussão rural/urbano, agro/industrial, tradicional/ moderno. Nesse enodoamento é que o professor Milton Santos[90] preferiu a refutação de ideias ao afastar o ponto de referência "salários e horas de trabalho" por não constituir um parâmetro válido porque "não permite comparações", bem como o "consumo de bens materiais/poder de compra reduzido" porque um indivíduo não é mais pobre ou menos pobre porque "consome um pouco menos ou um pouco mais". Cumpre notar que o referido geógrafo entrou para desfazer esse caudeamento de teorias, inclusive a do êxodo rural, na década de 50 do século passado. Apesar do fascínio de alguns juristas pela continuidade dessa vertente, a refutação está em que "as migrações não podem ser consideradas como causa direta do processo de marginalização". A propósito, é oportuno que se esclareça que nem sempre a necessidade de modernizar todos os setores de uma cidade levará à eliminação da pobreza. Isto é algo equivocado e perigoso. Se numa cidade ainda há setores mantidos em estruturas tradicionais (e não ao ritmo de uma economia capitalista), o simples fato de alterar esse padrão não levará

30% dos que vivem em áreas rurais e 22% dos que moram em cidades. E mais: são pessoas com menos acesso a saneamento básico, energia elétrica e abastecimento de água. Muitos especialistas até questionam o critério utilizado pelo Governo Federal por ser muito inferior ao usado em estudos sobre *combate à pobreza*. No entanto, apontam que o referido critério trabalha com valor similar daquele utilizado pelo Banco Mundial, de U$$1,25 por dia. Muitas críticas foram levantadas porque na eleição presidencial, em 2010, a meta do plano da presidente Rousseff era de que *miserável* é quem tem renda de até 1/4 do salário mínimo ao mês. Extremamente pobres, segundo uma das definições mais aceitas, é quem não consegue, com sua renda, comprar alimentos que somem 2.500 calorias/dia. Essas citações foram feitas com base nas seguintes fontes: <http://www.ibge.gov.br>; *Folha de S.Paulo* (quarta-feira, 04 maio 2011. A4), reportagem do jornalista João Carlos Magalhães e "O limiar da miséria", *Folha de S.Paulo* (quinta feira, 05 maio 2011. Editorial, A2. Opinião).

[90] SANTOS, Milton. *Pobreza urbana*. São Paulo: Edusp, 2009. p. 23-34.

esse espaço urbano ao êxito total. O falseamento está em que é a *modernização* também a "responsável pelo subemprego". Logo, na esteira de Milton Santos, a afirmação de que existe uma "cultura da pobreza",[91] é também algo que precisa ser refutado, porque o indivíduo pobre não está condenado a viver pobre (aliás, uma mentira da colonização que existiu durante muitos anos). Definitivamente, não é possível "jogar a culpa sobre eles mesmos". E arremata: "as raízes da crise urbana encontram-se no sistema mundial",[92] e não existe uma abordagem mais satisfatória, mais do que qualquer outra, do que a que leva em conta os efeitos da modernização porque o mercado financeiro também pode ser visto como crime de lesa-humanidade. É nesse âmbito que se podem encontrar explicações melhores, mais ousadas e válidas. É aí que está a chave para a teorização e a pesquisa de soluções legítimas.

Bipolarização na rede urbana

Desde a Declaração da Independência, com Dom Pedro I, passando pela Proclamação da República, com Marechal Deodoro, com o surgimento do Estado Novo, que revogou a República Velha, e a ditadura militar, que derrubou a República Nova, até a contemporaneidade, com a Constituição de 1988, que se equilibra para uma efetividade sólida, um assunto conseguiu acompanhar todas essas fases históricas: a divisão de classes/geografia urbana. Assim, num território imenso e mal ocupado, como o brasileiro, concentrações demográficas e tecnológicas são facilmente detectadas.

---

[91] LEWIS, O. The culture of poverty. *Scientific American*, 215 (4): 19-25, Oct. 1966.
[92] SANTOS, Milton. *Pobreza urbana*. São Paulo: Edusp, 2009. p. 31.

Diante desse quadro de cogitações, a abordagem sobre o processo de exclusão social é grande na literatura e um estudo sobre a *cidade* é algo importante nesse campo.[93] O ponto de partida está em que as relações urbanas haviam chamado nossa atenção para o que denominamos de *elitização na rede urbana*.

Por isso é oportuna e bastante informativa a menção de Milton Santos ao falar em "circuito superior" e "circuito inferior" na realidade urbana na era da "revolução tecnológica".[94] Em decorrência dessa consideração, é forçoso preferirmos falar em dois circuitos urbanos: a "Cidade intramuros" (os condomínios horizontais fechados de alta classe) e a "cidade-para-além-do-muro" (as iniciais maiúscula e minúscula servem para lembrar que, em determinados municípios, há duas cidades dentro de uma mesma área urbana). Cumpre notar que abandonamos o neologismo de Milton Santos para entrar na moda de qualificativos e criar outro, sem a obsessão de conceitos. Explica-se: a terminologia criada pelo professor da USP tinha um viés mais específico dentro da economia urbana; se fazia no plano de outros estudos (circuito inferior da economia urbana dos países subdesenvolvidos). Nessa conjectura, preferimos um esforço de demarcação, uma interpretação adaptada ao âmbito da *cidade* e não de países desenvolvidos/emergentes. Estamos a falar de algumas cidades que contêm condomínios de alto padrão (símbolo da promoção social).[95]

---

[93] Sugere-se: FREITAG, Bárbara. *Teorias da cidade*. Campinas: Papiros, 2006; SOUZA, Marcelo Lopes de. *Mudar a cidade*: uma introdução crítica ao planejamento e à gestão urbana. Rio de Janeiro: Bertrand Brasil, 2003.

[94] SANTOS, Milton. *O espaço dividido*. São Paulo: Edusp, 2008. p. 29-38.

[95] O estudo do *simbólico* possui lugar de destaque no *planejamento urbano*. Aqui vale a pena pesquisar também o conceito de *imaginário*, que pode ter

No entanto, como temas de pesquisa geralmente se apoiam em grandes trabalhos, a linguagem do Professor Santos serviu de suporte/encorajamento para a referida abordagem "adjetiva". Consideradas isoladamente, cada "cidade" tem suas próprias características, sendo que a "cidade intramuros" está em posição *dominante* por uma série de circunstâncias que serão demonstradas ao longo deste ensaio. É por essa e outras razões que preferimos criar um *neologismo*.[96]

Certo que a economia no sistema de modernismo tecnológico delineou importantes pontos no espaço, mas com o advento das cidades não houve a erradicação da pobreza das massas.[97] E assim a *cidade urbana* na modernização tecnológica organiza um espaço que se divide entre aqueles que têm moradia com qualidade e aqueles que, embora tendo as mesmas necessidades de moradia com

---

as acepções de "falso", ilusão da autonomia da consciência, representações e imagens. Para tentar entender o conceito de *imaginário* e *simbólico* na psicanálise, conferir: LACAN, Jacques. Situação da psicanálise e formação do analista em 1956. *In*: LACAN, Jacques. *Escritos*. Rio de Janeiro: Jorge Zahar, 1998. Lado outro, para mais informações sobre a complexidade dos elementos simbólicos: DURANT, Gilbert. *As estruturas antropológicas do imaginário*. São Paulo: Martins Fontes, 1997; GEERTZ, Clifford. *A interpretação das culturas*. Rio de Janeiro: Zahar, 1978; BENJAMIN, Walter. A obra de arte na época de suas técnicas de reprodução. *In*: BENJAMIN, Walter *et al*. *Textos escolhidos*. São Paulo: Abril Cultural, 1983. p. 3-28. (Os Pensadores).

[96] Destaca-se que a nomenclatura brasileira "condomínios fechados" sofre muitas variações. Assim, essas áreas residenciais com acesso restrito recebem nomes diversificados dependendo do país ou região. Nos EUA, por exemplo, tem-se *gated communities*. Já na região da Califórnia é famosa a expressão *behind walls* (atrás de muros, em tradução livre). No Chile, *condomínios*, e, na Argentina, *coutries* (ou bairros privados).

[97] HOSELITZ, B. Urbanization and economic growth in Asia. *Economic Development and Cultural Change*, 6 (1), p. 42-54, Oct. 1957. Hoje, de uma forma bem diferente, há trabalhos acadêmicos, como o do professor de economia em Harvard, Edward Glaeser, que as cidades são a maior invenção da humanidade e que viver em cidades é também um meio bastante eficiente de preservar a natureza, ao contrário do que pensam muitos ambientalistas (GLAESER, Edward. *Triumph of the city*. New York: Penguim, 2010).

qualidade, têm apenas um teto, constituindo uma genuína fonte de ambiguidades. O certo é que essas pessoas, que são milhões, estão em situação bem desfavorável em todos os aspectos. Daí procuram constantemente novos processos de adaptação. Isso cria diferenças de toda ordem, inclusive os *estigmas*. Como se vê, as camadas mais humildes da sociedade não têm acesso a um número alto de serviços públicos, e, portanto, são obrigadas a optar entre a sobrevivência e o acesso ao mínimo possível.

Na outra ponta, aparecem os condomínios horizontais fechados (ou exclusivos) de altíssimo padrão, um corrido efeito de *cidade-murada* de movimento social por busca de (falsa) segurança (tendo em vista os altos índices de violência),[98] que agrava a crise urbana, pois institui uma fenda cada vez mais expressiva, uma desigualdade socioeconômica e a consequente transformação urbana com segregação residencial e fragmentação do espaço público.

Traçado sobre a teoria psicanalítica do mal-estar na cultura do mundo contemporâneo e ilusões de completude do sujeito

Aqui, uma observação: acreditamos no âmbito da *cultura de consumo* (a casa, o carro, o estilo de vida — práticas estéticas individuais que são utilizadas para marcar distinções) concorra ao lado do quesito "sensação de

---

[98] Ver, por exemplo, a pesquisa de Teresa Pires do Rio Caldeira, a qual analisa em detalhes a maneira pela qual a conjugação *crime-medo-violência* associou-se a transformações urbanas em São Paulo, produzindo segregação espacial (CALDEIRA, Teresa Pires do Rio. *Cidade de muros*: crime, segregação e cidadania em São Paulo. São Paulo: Ed. 34; Edusp, 2000). Para uma bibliografia, ver Carlos Alberto Messeder Pereira *et al* (*Linguagens da violência*. Rio de Janeiro: Rocco, 2000).

insegurança nas cidades". O quesito "insegurança" aparece realmente como o principal elemento articulador desse debate contemporâneo-estratégico que a construção civil utiliza para seduzir e convencer famílias de alto poder aquisitivo a comprar imóveis em condomínios horizontais fechados. Assim, os empreendimentos são feitos dentro do conceito *lifestyle* (espaços cativos de consumo a partir da arquitetura da felicidade). Portanto, quando Zygmunt Bauman reflete os tempos contemporâneos e exalta o estágio "líquido" da contemporaneidade (sociedade líquido-moderna), conceito que o referido autor utiliza para substituir o desgastado termo "pós-moderno", ele fala das circunstâncias de as cidades se associarem em "dentro" e "fora", uma divisão entre o "nós" e "eles". Assim, o que Bauman anota é que

> Qualquer um que tenha condições adquire uma residência num "condomínio", planejado para ser uma habitação isolada, fisicamente dentro da cidade, mas social e espiritualmente fora dela. As comunidades fechadas são criadas para serem mundos separados. Seus anúncios propõem um "modo de vida completo" que representaria uma alternativa à qualidade de vida oferecida pela cidade e pelo seu espaço público deteriorado. O traço mais proeminente do condomínio é seu isolamento e distância da cidade... Isolamento significa a separação daqueles considerados socialmente inferiores, e, como insistem os construtores e agentes imobiliários, o fator-chave para garantir isso é a segurança. Isso quer dizer cercas e muros ao redor do condomínio, guardas de serviço 24 horas por dia controlando as entradas e um conjunto de instalações e serviços... para manter os outros do lado de fora.[99]

---

[99] BAUMAN, Zygmunt. *Tempos líquidos*. Rio de Janeiro: Jorge Zahar, 2007. p. 81-82.

No entanto, acreditamos haver mais estímulos envolvidos. Mas adianto: as pessoas de alto poder aquisitivo, associados à esfera do consumo, produzem o espaço urbano no próprio contexto da *cultura do consumo* (o que pode chegar ao patamar de sociedade do esbanjamento).

Pierre Bourdieu (1930-2002), um dos mais importantes sociólogos do século XX, considerou a estrutura social um sistema hierarquizado (poder/privilégio) que se organiza de formas sincréticas, constituindo-se, portanto, não apenas pelo capital econômico (imóveis/dinheiro — *maneiras clássicas de exibir poder social*), mas também pelas relações culturais (escolarização) e simbólicas (*status*).[100] Essa leitura de Bourdieu se distancia do conceito de classe social de Marx, que a definia por sua posição na produção, como também do conceito de Weber, o qual definiu "classe" por sua capacidade de acesso aos bens e serviços. Verifica-se, por aí, numa consideração resumida de seus escritos, e aí correndo sempre o risco de simplificar essa complexa questão, que a posição de privilégio ocupada por um grupo de pessoas nessa estrutura social se articula com uma ou mais condições de socialização.

O ser humano gosta de símbolos de *status*. Não é por acaso que os condomínios de altíssimo padrão (representação espacial multidimensional e relacional) ocupam posição de destaque na estrutura social. Tal ideia se verifica porque o feixe de condições específicas de socialização dentro desses espaços de moradia é mais retilíneo se comparado ao das pessoas do "lado de fora", a propósito de existir (na "cidade intramuros") moradores com renda/imóveis equiparados, uma trajetória educativa (regra geral) mais ou menos

---

[100] BOURDIEU, Pierre. *A economia das trocas simbólicas*. São Paulo: Perspectiva, 1982.

homogênea com seus respectivos *diplomas* e *títulos*, o que não deixa de ser uma ferramenta razoável de projeção, e, seguindo todas as aparências (prestígio) juntamente com outras espécies de capital em efeitos simbólicos (o patronímico de uma "grande família", por exemplo), inclinariam sem dificuldade para uma posição de destaque numa sociedade hierarquizada (*status*).

Eis que quando se trata de *condomínios fechados* (produtos das relações sociais) é possível haver diversas razões que podem levar uma pessoa a fixar moradia nesses espaços residenciais, inclusive a questão do *status* social (sistema de comportamento sob forma de *preferência*).[101] É que é possível o indivíduo querer se projetar frente à sociedade (espelho de Narciso) e escolher morar em condomínios exclusivos, personalizados, pensados como um "empório de estilos", a partir de uma série de motivos, entre os quais o medo humano. Claro, pois, que uma residência com características que possam reduzir os pavores atávicos, como o medo humano, reforça a ideia de que a vida murada é mais segura (e é mesmo!). Mas é possível que essa "elite isolada" visualize a "rua" como algo "impróprio" ("impróprio" sendo aqui mera maneira de dizer). O cruzamento entre variáveis ("segurança", "medo", "requinte", "estilo de vida", "glamour") serve de explicação para a proliferação de condomínios exclusivos. Talvez, nesse sentido, a partir da sociologia de Bourdieu, fosse possível dizer que "gosto se discute". Por isso tem-se que fazer um trabalho investigativo cercado de precauções (há muitas sutilezas nesse tema e uma clara fusão de horizontes) a respeito da psicologia do gosto. É nessa hora que se tem uma referência analítico-bipartida

---

[101] BOURDIEU, Pierre. *A metamorfose dos gostos. In*: BOURDIEU, Pierre. Questões de sociologia. Lisboa: Fim de Século, 2004.

entre indivíduo e grupo, relações materiais e simbólicas. Aliás, diga-se de passagem, que essa "arquitetura do medo" pode ser um equívoco, e, na verdade, o que pode existir é uma "arquitetura da beleza". Como dito, é viável salientar que existe uma vasta lista de razões que levam as pessoas a procurarem os condomínios. Acreditamos, pois, que não apenas os fatores "segurança", "violência" e "medo"[102] sejam os *únicos* fundamentos. A *violência* e o *medo* realmente podem aglutinar pessoas em torno de ideias comuns.[103] A classe que se define pelo medo realmente existe, e isso não é posto em dúvida neste trabalho. No entanto, pensar que segurança e violência sejam as *únicas* vias possíveis pode ser a sustentação de um equívoco, uma enganosa interpretação, uma vez que joga a responsabilidade humana pelos "males do mundo" para as pessoas-de-fora-do-muro. E, aí, algumas perguntas: a violência dentro dos condomínios tem aumentado? Não há violência entre os moradores do condomínio? Dentro dos muros há respeitabilidade total? Eis mais um ponto a ser pesquisado, porque a palavra "violência" é utilizada sem que se explique o que é *violência*.[104]

Acreditamos que há muito de sentimento individual envolvido no tema "condomínios de alto padrão" (vigor narcísico mesmo). Isso quer dizer que o "estilo de vida" e a "elegância" também podem funcionar como *status* (símbolo fálico).[105] O condomínio reflete o *Eu*. Morar nesses lugares é bem mais que uma elegância. É um verdadeiro prazer:

---

[102] CALDEIRA, Teresa Pires do Rio. *Cidade de muros*: crime, segregação e cidadania em São Paulo. São Paulo: Ed. 34; Edusp, 2000.
[103] BAUMAN, Zygmunt. *Tempos líquidos*. Rio de Janeiro: Jorge Zahar, 2007.
[104] ŽIŽEK, Slavoj. *Violence*. New York: Picador, 2008.
[105] BOURDIEU, Pierre. *Gostos de classe e estilos de vida*. *In*: ORTIZ, R. (Org.). São Paulo: Ática, 1983. p. 82-121.

vive-se em beleza, sossego, comodidade. Esse "espaço construído" está em nível incomparavelmente acima de toda a *cidade*, e, como no *capitalismo* é necessário padronizar comportamentos (para a própria existência dele), os condomínios fechados passam a ser a arquitetura "da moda". E quem está fora do padrão? Ora, nesse caso, quem está fora do padrão é o marginalizado social, o excluído. Tudo porque o mal feito do traço está no morro, nos barracões formados na rua, nas áreas periféricas ocupadas.

Essa interação pode ser estudada em inúmeras outras áreas como a *antropologia*, por exemplo, que é especializada em estudar *identidades*.[106] Lado outro, a *psicanálise* representa peça importante no estudo da subjetividade do indivíduo e também sobre as relações humanas. Por isso alguns autores realizam interessantes levantamentos sobre diversas contribuições à compreensão do tema.[107] Mas o referido "vigor narcísico" é apenas uma das muitas ideias. Anote-se que a falha dessa metodologia fenomenológica ("ambição", "vaidade", "motivo de orgulho") reside na possibilidade de reduzir todos os acontecimentos sociais a leis subjetivas dos indivíduos (subjetividade sem borda). Essa crítica quer dizer que devemos ficar atentos a equívocos causados por essa sua peculiar abundância de fenomenologia, até mesmo

---

[106] Sobre *identidade*, conferir: HALL, Stuart. *Identidade cultural na pós-modernidade*. Rio de Janeiro: DP&A, 2001.

[107] Para discutir um pouco melhor a questão da "comunidade", conferir os seguintes trabalhos antropológicos: MELLO, Marco Antonio da Silva. Selva de pedra: apropriação e reapropriações dos espaços públicos de uso coletivo no Rio de Janeiro. *In*: ESTERCI, N.; FRY, P.; GOLDENBERG, M. (Org.). *Fazendo antropologia no Brasil*. Rio de Janeiro: DP&A, 2001. p. 205-228; MOURA, Cristina Patriota de. Vivendo entre muros: o sonho da aldeia. *In*: KUSCHINIR, K.; VELHO, G. *Pesquisas urbanas*: desafios do trabalho antropológico. Rio de Janeiro: Jorge Zahar, 2003. p. 43-54.

para evitar reduzir os fatos de nosso ambiente social a fatos meramente subjetivos, com ausência de crítica teórica.

É premente esclarecer que, na contemporaneidade brasileira, existem variadas situações que estão a exigir formulações teóricas aptas a apontar os caminhos para uma *identidade do sujeito* amparada nos princípios instituidores de vida digna, igualdade e liberdade, direitos sociais e políticos. E é evidente que o olhar jurídico-constitucional sobre o tema não é o mesmo olhar da psicologia social, que, aliás, é uma das áreas das ciências sociais, embora não seja a base de toda ciência social. Essa identidade constitucional tem na *linguagem normativa* a sua expressão mais concreta (mais constituída), em especial quando assegura o direito à igualdade (art. 5º, *caput*, e inciso I, da CF/88). Na psicologia social o difícil é saber como o sujeito é interditado, ou quem deve interditar o seu *id* (traduzível psicanaliticamente como parte do sujeito que reflete o só-querer-desejo). Quem deve condicionar o sujeito a atuar num determinado sentido? A moral? A legislação? A tomada de consciência? No fundo, as dúvidas sobressaem.

Mas tem-se um ponto. Há *identidade* dos dois lados, ou melhor, há identidade entre os "iguais" (dos que moram dentro do território chamado favela, assentamento, cortiço, os inimigos sociais...) como entre os "desiguais" (os que moram dentro de condomínios horizontais), e vice-versa. Uso as aspas aqui para as palavras "iguais" e "desiguais" para insistir que isso pode ser invertido. Vai depender apenas de qual lado a pessoa está, uma vez que seja qual for, o certo é que todos compartilham uma *identidade,* isto é, o próprio *Eu* passa a ser compreendido (e constituído) a partir de identificações. E mais: todos têm, nesse campo da identificação emocional e afetiva, uma certeza *a priori*. É muito difícil uma pessoa olhar para a outra como se fosse um objeto externo, como se pertencesse a um mundo que nos é exterior (o que é banal para um, é um luxo para o outro). É um índice de como os olhares são diferentes. São convicções de mundo. Conhecimentos hipotéticos, em que, não raro, eu posso ter uma opinião antes da experiência (o que seria um lamentável equívoco, um desconforto, claro). Muitos vão dizer que essas diferenças são *culturais*.[108] Pode ser que sim. O que precisamos é de cautela com a palavra "cultura", que de tanto usada já corre o risco de ter sido esvaziada. É bom lembrar que alguns rótulos são repetidos como se fossem mantras. A palavra "cultura" é uma delas, ao lado de tantas outras (democracia, por exemplo). Segundo Theodor Adorno (1903-1969), um dos fundadores, em 1924, da Escola de Frankfurt (centro de estudo e pesquisa que combinava marxismo e psicanálise), a palavra "cultura" já foi o grande fetiche da burguesia.[109] Agora, ao que parece, a bola da vez é a palavra *ciência*. A questão é que podemos ter argumentos diferentes, uma inversão de valores, uma questão pessoal. Como exemplo, no olhar de quem mora na favela há vantagens. Pode-se dizer que é uma área bem localizada, uma zona imobiliariamente forte, com interessante valor econômico, onde há muitos locatários. Além do mais, há relações sociais, de parentesco e amizade.

Lado outro, o olhar de quem mora em condomínios fechados em relação aos de fora (em relação aos habitantes da *cidade-para-além-do-muro*) é sempre permeado de vários argumentos cuidadosos. Assim, é comum ouvirmos: "morar

---

[108] LARAIA, Roque de Barros. *Cultura*: um conceito antropológico. Rio de Janeiro: Jorge Zahar, 2006.
[109] ADORNO, Theodor; HORKHEIMER, Max. O iluminismo como mistificação de massas. *In*: ADORNO, Theodor *et al*. *Teoria da cultura de massa*. Rio de Janeiro: Paz e Terra, 1982. p. 159-160.

em favelas é uma opção", "só tem gente simples", "aqui é a minha raiz", "cada um tem um ponto de vista", ou, do lado oposto da situação, "somos condôminos e nossos filhos vivem atrás dos muros porque do lado de fora há um mundo perigoso". São respostas cirúrgicas, uma "prática discursiva" que constitui matriz para pesquisas possíveis; é posar de "politicamente correto", é o estar em dia com o "respeito ao outro", uma resposta diplomática de "aceitação do outro". Por isso a importância de pensarmos uma *identidade* do sujeito em âmbito normativo-constitucional de inclusão, uma vez que nessa *plataforma* não pode haver diferenças quanto a direitos fundamentais.

Freud (1844-1900),[110] em obra-prima, chamada *O mal-estar na civilização*, descreveu a patologia do processo civilizatório nas sociedades ocidentais. Ao que se apresenta, conseguiu demonstrar também o alto preço que pagamos em forma de "sofrimento social" para "socializar" nossas pulsões e desejos. Portanto, é possível que boa parte dos esquemas de autocompreensão possa ser realmente marcada por uma *cultura psicanalítica*.

Não à toa que Lacan (1901-1981) apresentou a sua *teoria da cultura* apoiada em laços sociais. É que o referido psicanalista francês estudou e teorizou os cinco discursos do laço social, sendo que o último, o discurso capitalista, foi uma teoria que se formalizou em 1972, numa conferência em Milão.

Nesse sentido, a análise de Lacan sobre a sociedade hipermoderna de consumo o fez aproximar o *consumo* à *psicanálise* e articular a "mais-valia" (referência a Marx)[111] com

---

[110] FREUD, Sigmund. *O mal-estar na civilização*. Rio de Janeiro: Imago, 1997.
[111] LACAN, Jacques. *O seminário*: livro 17: o avesso da psicanálise. Rio de Janeiro: Jorge Zahar, 1993.

o "gozo" (satisfação da pulsão), levando-o a uma "economia psicanalítica do gozo", que consiste em dizer que a "falta de gozo" (falta de ganho de prazer) é o que impulsiona o "mais gozar" da mercadoria, possibilitando explicar o porquê de haver uma "contabilização da satisfação" em termos de ganho e perdas materiais na sociedade contemporânea. É o que nos demonstrou Guy Debord[112] quando disse que o objeto contemplado se expressa de tal forma ao espectador, que, quanto mais ele contempla, menos vive. Até o ponto de os seus próprios gestos já não serem mais seus, mas de outro que os representa por ele. É o famoso efeito do "fetiche da mercadoria", de Marx.

No entanto, entendemos que é em Lacan que houve um giro do "mal-estar", ou melhor, foi a partir de uma teoria lacaniana da cultura que foi possível falar num *outro* "mal-estar na civilização", isso porque o chamado e tão exaltado "mal-estar na civilização" de Freud sugeria compreender a *cultura* como "superação da vida animal". Infere-se que a reflexão lacaniana foi além e entendeu que o "mal-estar" adquire novos "modos de gozo" no mundo moderno sempre aparelhado por um *mercado* que promete a realização de qualquer *desejo* (um mercado que cria novas ilusões narcísicas de completude). Nessa vertente, o poder da mídia atua com incrível eficiência pedagógica na intensificação de novos dispositivos identificatórios para o sujeito fugir da "infelicidade interna" e evitar a angústia se refugiando no consumo de bens. Nesse eixo tem-se a junção entre "ter" (desejo de ter um objeto) com "ser" (identificação com o objeto), algo já enfrentado por Freud quando estudou que

---

[112] DEBORD, Guy. *A sociedade do espetáculo*. Rio de Janeiro: Contraponto, 2008. p. 24.

determinados seguimentos procuram se diferenciar de grupos sociais.[113]

Mas uma observação ainda é devida. Esse impacto modernizador dos condomínios horizontais fechados de altíssimo padrão é seletivo, quer dizer, não é uma realidade em todos os mais de cinco mil municípios brasileiros. Basta perceber que, em geral, as *metrópoles* desempenham uma forma espacial mais propícia para isso acontecer. É o local onde os maiores contrastes se evidenciam.

Elitização na rede urbana e divisão do espaço

No Brasil, na primeira metade do século XX, foi comum alguns investidores apropriarem-se da ideia de vender lotes destinados à classe alta/altíssima. Além desse fator, adicione-se outro: na década de 70 era habitual a administração governativa, a fim de atender a demanda de moradias de classe alta, facilitar a parceria com a iniciativa privada, subsidiando o tanto quanto. E, assim, toma impulso, no Brasil, a partir da segunda metade do século passado, esse processo de "loteamento fechado", com guarita para controle, que passou a ser regido pela Lei nº 6.766/79, que é uma normatização do parcelamento do solo para fins urbanos. É preciso considerar esse fato para se compreender exatamente as condições dos novos processos de urbanização no Brasil e seus novos núcleos de convivência, uma vez que nesse ambiente urbano surgem também os "condomínios residenciais", onde tudo que está dentro da área do projeto é considerado área privada (com

---

[113] FREUD, Sigmund. *Psicologia de grupo e a análise do ego*. Rio de Janeiro: Imago, 1974. v. 18.

barreira física e a necessidade de autorização para a entrada), e, portanto, em se tratando de área privada, não recebe manutenção por parte da prefeitura municipal. Cabe dizer que os "condomínios residenciais" são regulamentados pela Lei nº 4.591/64 e pelo Código Civil (Lei nº 10.406/2002), nos arts. 1314 a 1326.

A isso cumpre acrescentar que na região metropolitana de São Paulo, por exemplo, ficou conhecido o condomínio horizontal de grande proporção chamado Alphaville, o qual foi lançado em Barueri, nos anos 1970, a cerca de 30km da região dos Jardins, em São Paulo, e que guarda quase a mesma função de uma *cidade*, o que o faz aproximar do conceito de moradia denominada *edge city* nos Estados Unidos. À evidência há outros "alphas" em tantos outros municípios brasileiros, uma vez que a empresa idealizadora do condomínio hoje tem 75 residenciais em 20 estados, e, até a edição deste livro, mais 24 em obras estavam em andamento. Contudo, o êxito espetacular que os moradores do pioneiro espaço residencial (os "alphavilleanos") conseguiram na década de 70, e que hoje somam mais 48 mil pessoas que ocupam os 13 residenciais que deram origem ao bairro Alphaville, em São Paulo, "já protestam contra problemas típicos paulistanos", como trânsito, verticalização, falta de água, luz e saneamento. A solução para alguns dos "alphavilleanos" está na "emancipação de Alphaville!", o que curiosamente já acontece por meio de movimentos que sugerem "romper com as prefeituras de Santana de Parnaíba e de Barueri e fundar uma *nova cidade*, o município de Alphaville",[114] o que sem dúvida demonstra uma

---

[114] Fonte: *Folha de S.Paulo*, 13 nov. 2011, C5. Isto é Alphaville: 30 condomínios; 48 mil moradores; luxo *per capita* para cada 10 mil habitantes: escolas de idiomas (São Paulo: 1,14 e Alphaville: 7,36); lanchonetes (São Paulo: 0,83 e

plasticidade social-segregacionista (ideologia anarquista?) de incrível base para diversas pesquisas em algumas áreas do conhecimento humano.

Com o correr do tempo, no início dos anos 1990, verificou-se o aparecimento dos condomínios horizontais fechados propriamente ditos dentro da Região Metropolitana de São Paulo, e não mais fora da região metropolitana como era comum na década de 70. A chamada "Lei de Vilas", de 1994, "possibilitou a instalação indiscriminada de pequenos condomínios horizontais em todas as zonas de uso residencial da cidade".[115]

Note-se que a grande maioria dos municípios brasileiros tem trabalhado com condomínios menores, isto é, "com unidades residenciais trinta e cinco, cinquenta ou mesmo setenta e cinco metros quadrados de área útil".[116] É oportuno lembrar que, no Brasil, o número de condomínios fechados se multiplica a cada dia, sendo que muitos apresentam o formato de condomínios horizontais. Nesse passo, é bom lembrar que um megaempreendimento com 32 mil casas (uma pequena cidade) pode inaugurar um novo modelo de moradia, algo bastante comum em outros países da América Latina, como o México, por exemplo.

Alphaville: 6,73); academias (São Paulo: 0,99 e Alphaville: 3,15); orçamento de 2011 (Barueri: R$1,59 bilhão, Santana do Parnaíba: R$419 milhões e São Paulo: R$35,6 bilhões); IPTU: casa com 350m² de área útil (Pacaembu, São Paulo: R$5.818,41 e Alphaville 4: R$7.000). Fontes: Colliers International Brasil, Geoimóvel, Cognatis Geomarketing e prefeituras.

[115] D'OTTAVIANO, Maria Camila Loffredo. Condomínios fechados na Região Metropolitana de São Paulo: fim do modelo centro-rico *versus* periferia pobre?. *In*: ENCONTRO NACIONAL DE ESTUDOS POPULACIONAIS, 15., ABEP, Caxambú, 18/22 set. 2006. Trabalho apresentado.

[116] D'OTTAVIANO, Maria Camila Loffredo. Condomínios fechados na Região Metropolitana de São Paulo: fim do modelo centro-rico *versus* periferia pobre?. *In*: ENCONTRO NACIONAL DE ESTUDOS POPULACIONAIS, 15., ABEP, Caxambú, 18/22 set. 2006. Trabalho apresentado.

Trata-se de um projeto de condomínio chamado "Cidade Paradiso", a duas horas do centro do Rio de Janeiro, que faz parte da estratégia do governo federal para reduzir o déficit habitacional urbano. Com financiamento pelo programa do governo, o "Cidade Paradiso" destina-se a moradores com faixa de renda de até cinco mil reais. A área do condomínio equivale a dos bairros de Copacabana e Ipanema juntos. Posta essa referência, adicionem-se outras: esses projetos de bairros isolados de grandes proporções, com clube, parque e polo industrial, ainda recebem muitas críticas por parte de especialistas. Uma delas é que bairros isolados criam transtornos de deslocamento, o que obriga a prefeitura a ter mais gastos para levar transporte para longe. Segundo, o projeto habitacional no caso em tela não foca a faixa de renda dos que mais sofrem com a falta de moradia, que é a população com renda de até três salários mínimos.

Lado outro, sabe-se que os condomínios horizontais fechados de altíssimo padrão (os chamados condomínios de luxo) incluem agência bancária, supermercado, posto de saúde e de combustível, lojas de conveniência, farmácia, lavanderia, escola, restaurante, vigilantes, academia de ginástica, lagoas, bosque, campo de futebol, quadras poliesportivas, fisioterapeutas, *playgrounds*, jardins temáticos, segurança particular, escala de trabalhadores da limpeza, e, em alguns casos, caso se tratar de área litorânea, praia especial "pé na areia" (muitos até em área de preservação permanente), cercados de vegetação de restinga e manguezais, flora e fauna típicas da região, não se deslembrando de que em determinados casos há até meio de comunicação personalizado, como a "revista do condomínio", distribuída mensalmente só para os moradores. Uma genuína qualidade sem par, cuja importância advém do fato de esses condomínios se tornarem rapidamente, e cada vez mais, uma pequena cidade com *autonomia financeira* que pode assegurar uma dominação estratégica na região porque as áreas ao redor do condomínio passam a ser cobiçadas pelo mercado imobiliário e ao ataque dos especuladores (em especial para a construção de projetos elitizados quanto possível, como *shopping centers*), o que coloca o preço de aluguéis e de compra de imóveis num patamar excessivo, já que os imóveis são vistos como um tipo de investimento, jamais como bens sociais. Com isso, muitas famílias que vivem ao redor passam a ser expulsas dessas áreas supervalorizadas, restando como opção de moradia as favelas ou os bairros distantes até 30, 40km da região. Esses elementos urbanos formam um elo que é sem dúvida algo ligado à *ineficiência* do Estado (em especial no combate à especulação imobiliária), o que leva a uma crescente divisibilidade do espaço.

Não se deve negar que referidos condomínios irradiam forte presença econômica e influência política em todo o Município. E, aí, de duas, uma: ou os condôminos apenas permanecerão no conhecido recinto da *reclamação* de aumentos de impostos e taxas municipais, ou num futuro próximo haverá mobilizações organizadas no sentido de haver uma pressão mais radical para não mais pagar algumas taxas e impostos ao Município.

Por isso, necessário dizer ao leitor que se lembre de que nas linhas seguintes *não* queremos trabalhar *predição científica*. Não queremos girar em torno do eixo da profecia histórica como modo científico de abordar problemas sociais, mesmo porque as hipóteses de reflexão a seguir podem não se tornar verdadeiras. Por isso as nossas reflexões adiante não podem ser mal interpretadas. Feito importante esclarecimento, conjectura-se: e se os moradores desses condomínios de luxo se mobilizarem na direção de não querer mais pagar o IPTU? E se, num exercício de reflexão, os moradores desses condomínios se recusarem a pagar a taxa de coleta de lixo? A afirmação-fundamentação pode ser uníssona: não precisamos mais dos préstimos dos serviços público-municipais, porque, aqui, na "cidade intramuros", podemos pagar e manter toda uma ordem de serviços particulares com alto grau de eficiência, se comparados aos serviços prestados pelo Município. Se os impostos e taxas recolhidos pelo Município acabam inócuos para o condomínio de luxo, então por que pagá-los? Tudo porque, para eles, há uma espécie de "socialismo" doméstico (socialismo de olhos fechados), onde cada membro do condomínio paga seu respectivo quinhão de renda, que é depositado num fundo (orçamento próprio), de onde o repasse é realizado por um grupo de moradores-administradores eleitos para tal finalidade (diretoria executiva do condomínio). Nesse subsistema condominial tais moradores zeram a desigualdade que não enxergam, o que dá à pesquisa um ângulo ímpar de reflexão. E, aí, a inevitável pergunta: essa forma espacial de moradia contemporaneamente pode funcionar como um "poder paralelo"? Mais dúvidas: os condomínios de luxo são *neofeudos*? No ritmo em que a sociedade capitalista anda poderá isso um dia acontecer? Se uma mobilização começar, cedo ou tarde alguns outros condomínios exclusivos tenderão a percorrer o mesmo traçado, na mesma direção da desobediência de impostos?

Temos que desenvolver uma análise com muita precaução em relação a esse tema sempre sujeito a tantas conjecturas. É evidente que alguns riscos existem devido à força reivindicatória e política desse grupo hegemônico, como *lobby* que é. Com o controle político dos proprietários de alto poder aquisitivo, o governo local pode ser pressionado a diminuir algumas tributações porque não há que se falar em gastos do orçamento municipal naquela área geográfica ou até mesmo, devido à forma coletiva com que se organizam no espaço e pela eficiência dos serviços privatizados que são prestados aos moradores, haver reivindicação pela criação de um *novo* Município.

Queremos advertir que o *não pagamento* de impostos e taxas ao Município *não* seria possível. Difícil imaginar o contrário, ao passo do suporte constitucional de tributação que destaca a aferição da *capacidade contributiva*.[117] No paradigma constitucional há que se falar em uma articulação dos subsistemas a partir de um eixo democrático (Constituição de 1988), uma vez que não há livre manejamento de arrecadação tributária de forma discricionária dentro de cada subsistema, porque vinculados a um único sistema jurídico-constitucional. Não se pode a bel-prazer descumprir uma *lei* e substituí-la pelo que for mais conveniente para um grupo, um condomínio, bastando alegar contrariedade.

Diante da polarização e da tendência à verticalização das atividades, uma coisa é certa: a forte concentração de renda no condomínio, em especial os localizados em área litorânea, atrai trabalhadores para seu entorno (um verdadeiro cinturão ao redor é formado), e quanto menor a escala do lugar, mais impacto há. Na busca do ganho, a mão de obra, às vezes flexível, adaptável e subpaga, é oferecida a

---

[117] É o que diz a Constituição Brasileira (Capítulo "Do Sistema Tributário Nacional"): "Art. 145. A União, os Estados, o Distrito Federal e os Municípios poderão instituir os seguintes tributos: I - impostos; II - taxas, em razão do exercício do poder de polícia ou pela utilização, efetiva ou potencial, de serviços públicos específicos e divisíveis, prestados ao contribuinte ou postos a sua disposição; III - contribuição de melhoria, decorrente de obras públicas. §1º *Sempre que possível, os impostos terão caráter pessoal e serão graduados segundo a capacidade econômica do contribuinte, facultado à administração tributária, especialmente para conferir efetividade a esses objetivos, identificar, respeitados os direitos individuais e nos termos da lei, o patrimônio, os rendimentos e as atividades econômicas do contribuinte*" (grifei!).

uns poucos da "cidade-de-fora", que estão sem trabalho. Por este viés estão os lavadores de carros, os catadores de materiais recicláveis. O preço dessa mão de obra é fixado pelos "patrões". Lado outro, há certa requisição de categorias de mão de obra de um pessoal que possui conhecimento e experiência particular (empregadas domésticas, empregadas-arrumadeiras, lavadeiras e passadeiras de ganho, cozinheiras e caseiros).[118] Desta forma, os salários aumentam somente para algumas categorias de trabalhadores. Por fim, nos arriscamos a outro destaque: cada tipo de condomínio fechado atrai para seu entorno uma organização comercial diferente; um anel de suporte que também visa aumentar o lucro em virtude do surgimento dos novos locais residenciais.

---

[118] Se conjecturarmos o *direito à vida* a partir dos estudos de Hannah Arendt é perceptível que a *condição humana* diz respeito às formas de vida que o homem impõe a si mesmo para sobreviver, o que pode variar de acordo com o lugar e o momento histórico do qual o homem é parte. Optando por organizar a *condição humana* em três aspectos (*labor, trabalho* e *ação*), Hannah Arendt, em excelentes reflexões, afirma que o "labor" (*zoe*) é processo que tem eixo apenas no *corpo* (o *labor* para sobrevivência), ponto em que o homem pode se assemelhar ao comportamento laborativo do animal (*animal laborans*). Laborar, na literatura da referida filósofa, significa, ante as necessidades da vida, "ser escravizado pela necessidade". O "trabalho", lado outro, é resultado de um processo que envolve *corpo* (elemento do *labor*) e a *técnica*, que é um elemento utilizado pelo trabalho a fim de tornar a repetição do corpo mais confortável. É, portanto, o *trabalho* atividade de transformar as coisas naturais em artificiais pelo uso da *técnica*. Essa anotação de Hannah Arendt é bastante encorajadora porque, aqui, ainda é possível, inobstante haver *técnica*, a qual ajuda a produzir sem tanto esforço (desgaste físico), pode existir trabalho como mera sobrevivência do homem. Por fim, quanto à "ação" (ação política), ante a necessidade de o homem viver entre semelhantes (*inter homines esse*), tem-se a importância das conquistas constitucionais (empenho em preservar corpos políticos), um *plus* em se tratando de ação política (o homem de ação) à efetivação da condição humana. Para tanto, conferir: ARENDT, Hannah. *A condição humana*. 10. ed. Rio de Janeiro: Forense Universitária, 2004. p. 94-191.

Essa escala de condições de consumo e de comércio imposta pelos polos, num país que começa aos poucos a se libertar da herança escravagista que aqui existiu até o final do século XIX, é brutal porque cria uma massa de pessoas com atividades ocasionais (aliás, barata) e de poder de consumo mínimo, quase inexistente. É aí que aparece o lado agudo da questão econômico-social de uma forma mais ampla, bem como o quadro material de vida ligado à pobreza e aos isolamentos geográficos de pessoas, porque a valorização imobiliária empurra comunidades pobres para o entorno, o que colabora para o aumento da mancha urbana. Para não ficarem longe do emprego, as pessoas que prestam serviço dentro dos condomínios optam por morar sempre perto do local de trabalho. Nesse passo, a ansiedade originada por essa realidade nos leva à seguinte indagação: seria possível vermos, futuramente, de forma nítida e volumosa, nessa problemática a ser pensada, algumas cidades atraírem moradores por conta da construção de novos condomínios de altíssimo padrão? Por certo as consequências sociais seriam devastadoras porque se esse movimento escandaliza o *paradoxo* da valorização imobiliária (valorização de áreas/surgimento de espaços periféricos), teríamos mais extremos de pobreza, o que exigiria sólidos planejamentos urbanos por parte dos municípios envolvidos para evitar o corte do laço social. Parêntese: neste caso, não estamos dispostos a levar adiante uma definição sólida do conceito de *exclusão*, mas, divergências teóricas à parte, pode-se identificar, ao que parece, na reflexão acima, um enfoque *marxista* (crescimento da riqueza que produz o crescimento do pauperismo), de a sociedade capitalista ser excludente tanto na sua base produtiva como na mercantilização do trabalho, não deixando de lado o espaço de reflexão aberto pelo conteúdo *funcionalista* de Durkheim quanto às formas de integração social.[119] Mais um parêntese dentro do parêntese: outro traço importante é o de não trabalhar esse quadro de excludência como sinônimo de destino inexorável, o qual os seres humanos não têm controle (dimensão da fatalidade). Daí, a importância de se pensar um *direito democrático* como instituição social que possa fornecer mecanismos de interferência na realidade a fim de encontrar alternativas de integração (Cf. art. 170, CF/88).[120]

Mas voltemos ao eixo de conjectura que estávamos seguindo, e que fique claro que tais serviços prestados, mesmo que em atividades ocasionais, e, aliás, baratos, devem ser respeitados como todas as outras profissões. Não há que se falar em serviços economicamente supérfluos ou pessoas socialmente desnecessárias (são pessoas que têm direito a ter direitos fundamentais), e a questão que pode ser levantada é a de demarcação das formas patológicas de divisão do trabalho. São serviços que fazem com que a classe alta dependa muito dessas pessoas (dialética entre senhor e escravo em Hegel?). Então, dessa forma, outro paradoxo: por mais que as classes mais favorecidas do ponto de vista econômico busquem um isolamento, abrigando-se em condomínios fechados, esse isolamento não se distancia desses serviços/pessoas, o que abre via para outra pesquisa, à evidência. Mas o ponto aqui é outro. A questão é que o

---

[119] DURKHEIM, E. *De la difivisión del trabajo social*. Buenos Aires: Schapire, 1973.
[120] Constituição Federal, Título "Da Ordem Econômica e Financeira", Capítulo I - "Dos princípios gerais da atividade econômica": "Art. 170 - A ordem econômica, fundada *na valorização do trabalho humano* e na livre-iniciativa, tem por fim assegurar a todos *existência digna*, conforme os ditames da justiça social, observados os seguintes princípios: I (...); II - *propriedade privada*; III - *função social da propriedade*; (...); VII - *redução das desigualdades regionais e sociais*; VIII - *busca do pleno emprego*" (grifei!).

Brasil ainda tem desigualdade e pobreza. A combinação é péssima e isto, sim, é o foco da reflexão. E aí a preocupação: esses serviços que a tudo abastece a "cidade-murada" com trabalho e mercadorias, estão afinados com o subemprego? Os condomínios de alto padrão têm um papel de fornecedores privilegiados de emprego? Há a quebra das regras sociais e o consequente *apartheid* social? A submissão do indivíduo é feita por plena vontade? O conceito que daria conta dessa dimensão de problemas sociais ainda seria o de luta de classes? Em termos de economia urbana, parte da "cidade-para-além-do-muro" é explorada pela "cidade intramuros"? O Município apresenta-se como um aliado dos grandes condomínios? Esse apoio é oferecido ora abertamente, ora de modo mais discreto, mas pode levar ao agravamento no Município à medida que o espaço se divide, o que leva a "cidade-para-além-do-muro" a se tornar mais inferior, apesar de haver uma situação de dependência entre as duas, mas de uma forma mais dependente no caso de parcela da "cidade" que ficou do lado de fora do condomínio. De fato, nesse contexto, "pular o muro" significa uma mudança significativa de posição social.

Com esse enredo de seletividade do espaço (concentração em certos pontos do território, no nível econômico/social), percebe-se que só a "parte de fora do condomínio" passa a ser objeto de planejamento urbanístico pela função pública (art. 182, CF/88 — *política urbana como desenvolvimento social da cidade*), que, até tenta uma forma de dispersão, mas esbarra em uma série de obstáculos como o da *especulação imobiliária* (causa do aumento extorsivo do preço dos terrenos, um "valioso" serviço ao capital imobiliário) e todas as dificuldades inerentes para que o governo local promova fiscalização quanto à observação da função social da propriedade.

CAPÍTULO 2
A CIDADE COMO LUGAR INSTÁVEL | 93

As outras aglomerações de pessoas, em encostas, morros e terrenos irregulares (esse "circuito inferior"),[121] possuem uma mão de obra numerosa, regra geral pouco capacitada, e apenas um teto e limitados elementos de infraestrutura e saneamento. Mal conseguem arcar com despesas de contribuição de melhoria, quando existem por parte da Prefeitura.

É extremamente difícil analisar essa *segregação urbana* através de variáveis isoladas. O que se deve levar em consideração é uma combinação de situações porque cada ponto de reflexão aparece como um complemento do outro (diferença de renda, especulação imobiliária). Isso acaba gerando um processo de fomento de desigualdades locais, uma funda desigualdade social. E o resultado talvez seja um "poder paralelo" entre os gigantes e seus satélites numa área geográfica de alta conflagração. Canalizando ainda mais a discussão, tem-se que esse espaço construído é um *ethos* que mescla a tática de apontar um bode expiatório externo aos muros do condomínio como responsável pela *violência*

---

[121] Nomenclatura fornecida pela *teoria espacial* de Milton Santos a fim de entender a cidade não como um todo maciço, mas sim um organismo cindido em dois circuitos econômicos responsáveis pelo processo de organização do espaço, sendo que o primeiro, o autor denomina de *circuito superior*, o qual emana diretamente da modernização tecnológica. Já o segundo, o *circuito inferior*, desprovido do peso da tecnologia, é formado de atividades de pequena escala, servindo, principalmente, à população pobre. E assim se tem a "sociedade urbana dividida entre aqueles que têm acesso às mercadorias e serviços numa base, e aqueles que, embora tendo as mesmas necessidades, não estão em situação de satisfazê-las, devido ao acesso esporádico ou insuficiente ao dinheiro. Isso cria diferenças quantitativas e qualitativas de consumo" (SANTOS, Milton. *Pobreza urbana*. São Paulo: Edusp, 2009. p. 45). Esse material relevante a respeito da "formação do circuito inferior da economia" pode ser conferido de forma mais bem detalhada nas páginas 40 a 76 do referido livro. Para um melhor entendimento, conferir ainda outra obra do autor: SANTOS, Milton. *O espaço dividido*. São Paulo: Edusp, 2008.

urbana. A esse mesmo ponto, ao oposto do que muitos pensam, muitos moradores externos aos muros dizem que os condôminos ao se afugentarem em enclaves fortificados (*bunkers* da vida urbana contemporânea) demonstram-se viciados em proteção e fazem um pacto silencioso com a violência social; são acusados de serem coautores da violência social. Esse "regime comum" dentro do condomínio da "semelhança" levou Bauman a refletir que

> quanto mais as pessoas permanecem num ambiente uniforme — na companhia de outras "como elas" com as quais podem ter superficialmente uma "vida social" praticamente sem correrem o risco da incompreensão e sem enfrentarem a perturbadora necessidade de traduzir diferentes universos de significado —, mais é provável que "desaprendam" a arte de negociar significados compartilhados ou não se preocuparem em adquirir as habilidades necessárias para uma vida satisfatória em meio à diferença, não é de estranhar que os indivíduos que busquem e praticam a terapia da fuga encarem com horror cada vez maior a perspectiva de se confrontarem cara a cara com estranhos.[122]

É, aliás, a impressão que levará Bauman a dizer que se a segregação das áreas residenciais e dos espaços públicos "é oferecida e aceita como cura radical para os perigos representados pelos estranhos, conviver com estes se torna cada dia mais difícil".[123] Esse argumento funda-se no ponto em que a "homogeneidade social do espaço, enfatizada e

---

[122] BAUMAN, Zygmunt. *Tempos líquidos*. Rio de Janeiro: Jorge Zahar, 2007. p. 94.
[123] BAUMAN, Zygmunt. *Tempos líquidos*. Rio de Janeiro: Jorge Zahar, 2007. p. 96.

fortalecida pela segregação espacial, diminui a tolerância à diferença em seus habitantes e assim multiplica as oportunidades para reações misofóbicas, fazendo a vida urbana parecer mais 'sujeita a risco' e, portanto, mais angustiante, em vez de mais segura e, desse modo, mais agradável e fácil de levar".[124]

Eis apenas um ângulo do problema sob análise e o reconhecimento dessa realidade nos obriga a novas discussões. A tônica da administração governativa tem sido, desde então, pressionar por relações de moradia mais equitativas com resquícios de nostalgia ideológica, principalmente como foi visto no Governo Federal (2002-2010). No entanto, as transformações materiais continuam e tendem a se fortalecer, e, pelo ritmo que vai, deve atingir o paroxismo nas próximas décadas (e nada é menos confiável do que uma estimativa de longo prazo). O certo é que, de maneira geral, os condomínios de alta classe cresceram neste século XXI (onde a desigualdade também cresceu) e essa tendência à formação de aglomerados cada vez mais opulentos (alguns condomínios são planejados para ter até 50 casas com valor aproximado de R$4 milhões, cada qual), influencia de forma política e econômica as relações entre pessoas.

Somos brasileiros conscientes das assimetrias regionais e locais, e essa é uma tendência que coloca tremendos desafios à administração governativa. Neste cenário de panoramas prováveis, em que é possível ao cientista especular uma liberdade possível, o Município (e os outros entes federados) é que terá(ão) de desenvolver uma política de intimidação necessária e estabelecer uma linha de promoção dos direitos fundamentais. Se isso tudo vai acontecer,

---

[124] BAUMAN, Zygmunt. *Tempos líquidos*. Rio de Janeiro: Jorge Zahar, 2007. p. 97.

ainda não se sabe; é assunto ainda pendente (mas tentativas acontecem). Mas seria bom prestar atenção: estamos num planeta econômico com muitos centros e periferias e, apesar das incertezas, não faltam, como se vê, riscos, desafios e meios jurídico-institucionais como possibilidades de modificação da realidade.

Diferenças materiais, estilos de vida, aparelhos simbólicos, disposição estética são escolhas livres de cada pessoa (que isso fique muito bem claro). O fato de uma pessoa (ou um grupo de pessoas) ter acesso a condomínios luxuosos, a carros importados, a colégios de primeira linhagem, a *personal trainer*, a um plano de saúde completíssimo, não vem ao caso. Frente a isso não resta alternativa senão muita habilidade social (algo longe da agressão e intolerância, evidentemente). O que importa, aqui, são outras reflexões. Não estamos preocupados com a esfera privada, com o "belo" ou com o "feio", nem com o "justo" e o "injusto", muito menos com o "bom" ou com o "mau", mas sim com a *esfera pública* regida (planejada) por direitos constitucionalizados no Brasil. O que procuramos, neste livro, não é criticar quem mora em condomínios. A crítica não é sobre pessoas, mas sobre planejamento urbano (ou a falta dele) pela administração pública. O ponto alto das discussões é o grave percentual de moradias brasileiras que vivem na ilegalidade e o paradoxo estabelecido na geografia urbana por meio da interferência do capital na exploração de preços e no traçado das cidades. Procura-se, portanto, neste ensaio, a busca do convívio com a democracia, com o pluralismo e com o dinamismo econômico distribuído, bem como o papel de uma administração pública cada vez mais eficiente. O que procuramos são mecanismos que a administração pública (não administração-mercado) pode utilizar como implementação de direitos dentro do reino da necessidade.

Preocupa-nos disposições objetivamente asseguradas como direitos fundamentais em texto constitucional. Quem está *dentro* ou *fora* não é o eixo seguro de reflexão, mas sim quem tem direitos e quem não tem direitos implementados. Pouco importam os bairros luxuosos, os condomínios personalizados (sejam horizontais ou verticais), contanto que as pessoas fora desses bairros luxuosos (ou dos condomínios exclusivos) não vivam em refugos (um tipo de *exílio* urbano) e que tenham saneamento básico, acesso à saúde, à educação, à política de crédito habitacional, ao trabalho digno e ao transporte coletivo (um transporte em que as pessoas não levem duas, três horas, em dias razoáveis, do trabalho para casa).[125] Pouco importa se uma pessoa faz anualmente viagens internacionais ou usa a calça da grife tal ou qual (consumo não é o essencial nesta vida). O que importa, e o que é essencial na vida, em se tratando do espaço coletivo, é o atendimento público de serviços sociais básicos, a efetivação dos direitos fundamentais constantes na Constituição, a integração da vida urbana, e não a *desintegração* dela e o aumento das áreas constrangedoramente excluídas.

---

[125] Dentro da visão de mobilidade sustentável (pensar o transporte de forma estratégica e integrada), conferir a Lei nº 12.587/2012 a qual instituiu as diretrizes da Política Nacional de Mobilidade Urbana.

CAPÍTULO 3

DIREITO À MORADIA NO BRASIL E CONSTITUIÇÃO FEDERAL

Direito à moradia e carência habitacional

Há ocasiões em que não conseguimos entender como é que o Brasil deixa de evoluir no cenário de inclusão social. E aí vem, de perto, um dos problemas crônicos que é a pornográfica desigualdade social. Considerada, portanto, a desigualdade na contemporaneidade, insta lembrar que, em 1940, apenas 26,3% dos brasileiros viviam nas cidades. Hoje são mais de 84%. Com isso, vivenciamos alguns exemplos desse cenário de problemas: temos um déficit habitacional que chega a 7,7 milhões de moradias; 45 milhões de pessoas não possuem acesso ao serviço de água potável; 83 milhões não têm esgoto sanitário (é uma coleção de tormentos). Conclusão: é claro que a falta de apoio governamental à urbanização e ao planejamento familiar, com a consequente multiplicação da miséria acentua o problema habitacional que, inexoravelmente, deságua em segregação social.

Essa ocupação caótica, em um cenário de carência habitacional, gera transtornos quase sem chances de êxito, pois, muitas vezes, as condições de salubridade e segurança de muitas habitações colocam em risco a vida de seus moradores (veja que o Brasil está cheio de favelas penduradas em encostas). Identificados os problemas, devemos lidar com eles maduramente. Uma palavra a mais, sobre a trilha aberta pela Constituição Brasileira. Em 1988, pela primeira vez, uma Constituição pronuncia-se sobre as *cidades*. Há espaço, então, na regra do art. 182 da CF/88 e nas diretrizes da política urbana (Lei nº 10.257/01), para que todo Município com mais de 20 mil habitantes fique obrigado a elaborar um *plano diretor*, aprovado pela Câmara Municipal, definindo como deve ser a ocupação do território municipal (destino de áreas urbanas e rurais, e as normas a serem obedecidas em ocupação territorial). Deve-se acrescentar que o *plano diretor* deveria exigir estudo prévio de impacto ambiental para a sua própria validação discursiva. Em que pese à observação, o que hoje está vigente é a necessidade de o *plano* ser revisto, no mínimo, a cada dez anos e estar integrado ao plano plurianual e ao orçamento, além de observar as regras federais e estaduais de ocupação do território e o planejamento da região metropolitana ou microrregião a que o Município pertença, se for o caso.

O Censo do IBGE, em 2010, registrou milhões de pessoas vivendo em condições precárias, como dito linhas atrás. Muitas dessas moradias despejam esgoto sem tratamento nos rios, córregos e outros afluentes. A maior parte não tem coleta de lixo, energia elétrica nem água encanada. Tudo somado e processado resta uma grande dúvida: o cenário continuará o mesmo? Não à toa, a *urbanização de favelas* é a solução acertada para minorar o problema da apropriação indevida do espaço público. Ao lado, outros assuntos ligados à política pública são debatidos à exaustão para que o crescimento das cidades não leve à segregação do espaço. Contudo, a questão não se apresenta fácil. Aliás, resultado para lá de previsível, em se tratando de política socioeconômica brasileira.

Deixando essa análise para gestores públicos, sociólogos, antropólogos e cientistas sociais, voltemos ao sistema jurídico constitucional brasileiro. Vejamos o caso da EC nº 26, de 2000, a qual modificou a redação do art. 6º da CF/88 acrescentando o *direito à moradia*.

O legislador acrescentou o direito à moradia por meio da citada emenda e agora se pergunta: como entendê-la? O que ela representa? Resolveu o problema por completo? Todos agora têm onde morar? É claro que não! O povo continua com dificuldades no quesito *moradia*, e, o pior: a Constituição a prevê. Por esta forma, ainda que o dispositivo não tenha sido revogado, não é possível dispensar implementação.

Mercado imobiliário especulativo

Bem verdade que na contemporaneidade a *cidade* transita do espaço público ao Mercado. Daí, a necessária diferenciação entre "cidade-modernidade" (espaço público do emancipatório) e "cidade-modernização" (espaço do Mercado, do cidadão desalojado do posto de *sujeito* de direito). O certo é que com o mercado imobiliário especulativo, o espaço público de inclusão fica marcado pela fabricação de ilusões necessárias para a construção do espaço. Pensam como deve ser a "cidade-murada", constroem-na e depois "convidam" as pessoas a viverem nela por meio de um videoclipe cheio de retórica ("venha morar na casa dos seus sonhos!"), uma publicidade que faz uso da palavra curinga "segurança" com o objetivo de legitimar suas finalidades, nem que para isso seja preciso esmagar a sociedade em tom de segregação.

Lígia Melo empreendeu investigação em mestrado acadêmico na área de Direito do Estado, com ênfase no Direito Urbanístico, na PUC de São Paulo, conduzindo reflexões sobre a postura do Estado diante da previsão constitucional do *direito à moradia* e o dever público em promover-lhe o acesso. O trabalho contém uma análise sobre o conteúdo do Capítulo "Política Urbana", descrito na Constituição Brasileira de 1988, junto ao Estatuto da Cidade (Lei nº 10.257/01), viabilizando diretrizes para o enfrentamento da ocupação irregular de imóveis, privados ou públicos, defendendo a promoção do acesso à moradia adequada em tais casos por meio da *regularização fundiária*, instituto jurídico de origem recente, que tem por objetivo contornar as consequências havidas com a proliferação de processos informais de desenvolvimento urbano, possuindo várias medidas jurídicas, urbanísticas e ambientais, que visam o direito à moradia e ao meio ambiente ecologicamente equilibrado.

Cumpre-se destacar que a "crise urbana" em torno do "crescimento desregrado das cidades brasileiras, com todas as suas mazelas, permitiu a construção e aprovação de um capítulo sobre política urbana no Texto Constitucional de 1988".[126] Em Melo, colhe-se que a formação de um "modelo perverso de urbanização" das cidades brasileiras permitiu que a ocupação ocorresse combinada a um formato de desigualdade territorial, hierarquizado conforme as condições socioeconômicas da população ocupante. Assim, deflagra-se

---

[126] MELO, Lígia. *Direito à moradia no Brasil*: política urbana e acesso por meio da regularização fundiária. Belo Horizonte: Fórum, 2010. p. 179.

a denúncia de que o padrão de urbanização brasileiro "tem conduzido um grande número de pessoas a viver na informalidade, precariamente assentadas em locais de fragilidade ambiental".[127]

Com essa observação preliminar, não se pode deixar de considerar que no *Estado de Direito Democrático* a Administração Pública tem a finalidade de neutralizar ou eliminar as desigualdades sociais por meio das diretrizes contidas na Constituição, a qual orienta o gestor público em seu dever funcional de planejar sociedades integradas no equilíbrio de "características capitalistas com comandos de ordem social de inclusão".

Milton Santos não deixou de lançar reflexões sobre a organização interna das cidades, que quanto mais populosas, e mais vastas, mais diferenciadas as atividades e estruturas de classes e assim as cidades, "sobretudo as grandes, ocupam, de modo geral, vastas superfícies entremeadas de vazios"[128] e nessas cidades expandidas (característica de uma urbanização corporativa) há interdependência do que o Professor Santos[129] chama de "categorias espaciais" (tamanho urbano, modelo rodoviário, carência de infraestrutura, especulação fundiária e imobiliária), as quais geram um modelo específico de centro-periferia, e cada qual dessas realidades acima apontadas sustenta e alimenta as demais levando à conclusão de que "o crescimento urbano é também o crescimento sistêmico dessas características". E se o "déficit de residências também leva à especulação, e os dois juntos conduzem à periferização da população mais

---

[127] MELO, Lígia. *Direito à moradia no Brasil*: política urbana e acesso por meio da regularização fundiária. Belo Horizonte: Fórum, 2010. p. 110.
[128] SANTOS, Milton. *A urbanização brasileira*. São Paulo: Edusp, 2009. p. 106.
[129] SANTOS, Milton. *A urbanização brasileira*. São Paulo: Edusp, 2009. p. 106.

pobre e, de novo, ao aumento do tamanho urbano", tem-se que "as carências em serviços levam à especulação pela valorização diferencial das diversas frações do território urbano (...)", o que "fortalece os centros em detrimento das periferias, num verdadeiro círculo vicioso".[130]

Da abordagem feita, conclui-se que o povo brasileiro sofre com o mercado imobiliário especulativo que aumenta o valor da terra em lugares escolhidos previamente, induzindo a periferização populacional. O desconforto existe porque "os conjuntos residenciais, levantados com dinheiro público — mas por firmas privadas — para as classes médias baixas e os pobres, situam-se quase invariavelmente nas periferias urbanas".[131] E aqui valentemente vai uma avaliação mais específica:

> A especulação imobiliária deriva, em última análise, da conjugação de dois movimentos convergentes: a superposição de um *sítio social* ao sítio natural; e a disputa entre atividades ou pessoas por dada localização. A especulação se alimenta dessa dinâmica (...); quanto aos lugares de residência, a lógica é a mesma, com as pessoas de maiores recursos buscando alojar-se onde lhes pareça mais conveniente, segundo os cânones de cada época, o que também inclui a moda. É desse modo que as diversas parcelas da cidade ganham ou perdem valor ao longo do tempo. (...) O capitalismo monopolista agrava a diferenciação quanto à dotação de recursos, uma vez que parcelas cada vez maiores da receita pública se dirigem à *cidade econômica* em detrimento da *cidade social*. A terra urbana, dividida em loteamentos ou não, aparece como promessa de lucro no futuro, esperança justificada pela existência de demanda crescente. Como as terras apropriadas (mas não utilizadas)

---

[130] SANTOS, Milton. *A urbanização brasileira*. São Paulo: Edusp, 2009. p. 106.
[131] SANTOS, Milton. *A urbanização brasileira*. São Paulo: Edusp, 2009. p. 124.

são cada vez mais numerosas, a possibilidade de dotá-las dos serviços requeridos é sempre menor. Daí, e de novo, uma diferenciação no valor de troca entre as diversas glebas e assim por diante. É assim que a especulação se realimenta e, ao mesmo tempo, conduz a que as extensões incorporadas ao perímetro urbano fiquem cada vez maiores.[132]

Por isso que Lígia Melo, apoiando-se em Ermínia Maricato,[133] afirma que o mercado imobiliário especulativo detém imóveis e investe em projetos de valorização

> (...) orientando investimentos públicos e atraindo investimentos privados, aumentando o valor da terra urbana nos locais escolhidos e induzindo a ocupação de terras desprezadas e sem valor mercadológico, fazendo ruir loteamentos ilegais e/ou assentamentos irregulares em áreas públicas ou até em áreas ambientalmente frágeis.[134]

De tudo que acima foi transcrito, indaga-se: como corrigir essas distorções? A leitura da obra de Melo, que estamos a examinar, é proveitosa no sentido de uma sinalização de que "não se trata somente de ter acesso a um local para morar, é preciso que ele esteja em condições de ser habitado",[135] exatamente porque *morar* não é apenas ter um "teto". É de incomparável relevância que, para os estudos do Direito, na configuração constitucional brasileira, atualmente em vigor, haja condições como água, saneamento,

---

[132] SANTOS, Milton. *A urbanização brasileira*. São Paulo: Edusp, 2009. p. 107.
[133] MARICATO, Ermínia. *Brasil, cidades*: alternativas para a crise urbana. 2. ed. Petrópolis: Vozes, 2002. p. 82-84.
[134] MELO, Lígia. *Direito à moradia no Brasil*: política urbana e acesso por meio da regularização fundiária. Belo Horizonte: Fórum, 2010. p. 51-52.
[135] MELO, Lígia. *Direito à moradia no Brasil*: política urbana e acesso por meio da regularização fundiária. Belo Horizonte: Fórum, 2010. p. 154.

eletricidade, creches, coleta de lixo, escolas, locais onde exista o acesso ao emprego, espaços de recreação. Por isso, para a citada autora, "moradia adequada" é aquela que tenha segurança da posse, disponibilidade de serviços, infraestrutura, condições físicas e salubres para moradia e transporte público. Tem-se, de forma mais abrangente, que a moradia será sempre mais adequada, na afirmação de Elza Canuto, quando não for "dissociada dos seus aspectos econômico, social, cultural e ambiental".[136]

Para tanto, o assunto reclama reflexão demorada e cuidadosa, porque deve haver forte política social, incluindo a de geração de renda, uma vez que não basta legalizar os assentamentos e nem tampouco apenas urbanizá-los. A vida nessa conjuntura hermenêutica requer condições de permanência aos membros dessa comunidade e um conjunto de medidas que "interrompa o ciclo de exclusão".[137]

Então, para referida autora, somente por meio da elaboração de políticas públicas (de curto, médio e longo prazo) nos diversos níveis de governo é que teríamos condições de possuir uma rede integrada que, se bem coordenada, permitirá garantir respostas mais efetivas ao déficit social de moradia.

Déficit social de moradia e limite financeiro do Estado

A principal função do Judiciário é a defesa da Constituição. Daí, necessário sintetizar que sob a Constituição de

---

[136] CANUTO, Elza Maria Alves. *Direito à moradia*: aspectos da dignidade da pessoa humana. Belo Horizonte: Fórum, 2010. p. 175.
[137] MELO, Lígia. *Direito à moradia no Brasil*: política urbana e acesso por meio da regularização fundiária. Belo Horizonte: Fórum, 2010. p. 184-185.

1988 os direitos sociais passaram a ter *aplicabilidade imediata*, ao que se extrai do art. 5º, §1º, do Texto Constitucional. O aperfeiçoamento do sistema ainda está a caminho, uma vez que estamos num processo de construção do Estado de Direito Democrático.

Vê-se na obra de Elza Canuto,[138] cujo objetivo geral constitui-se na análise do *direito à moradia* como um dos pilares do princípio da *dignidade da pessoa humana*, que a exclusão social e a segregação espacial do ser humano violam a sua dignidade. A propósito, é oportuno abrir-se um parêntese para registrar que o referido livro não deslembra de que no Estado Democrático de Direito (§2º do art. 5º, CF/88), quando há a recomendação de que os direitos e garantias expressos na Constituição *não excluam outros princípios por ela adotados*, comparece a *função social da cidade*, a qual deve ser pensada em conjunto a um *plano urbanístico*, de responsabilidade dos Municípios, a fim de atender o *desenvolvimento urbano* (art. 182, CF/88), na figura do instrumento básico da política urbana que é o *plano diretor*, o qual se encontra disciplinado no *Estatuto da Cidade* (Lei nº 10.257/01), que outro instrumento importante de fortalecimento social.

Nesse campo largo e fértil, o direito à moradia, que para a autora *não* é um interesse *individual*, mas sim *difuso* em decorrência da sua qualificação em direito social (art. 6º, CF/88), "não significa uma obrigação de que seja dada uma casa para cada cidadão". Depreenda-se do livro em análise[139] que a "ação positiva do Estado se faz com a criação

---

[138] CANUTO, Elza Maria Alves. *Direito à moradia urbana*: aspectos da dignidade da pessoa humana. Belo Horizonte: Fórum, 2010.

[139] CANUTO, Elza Maria Alves. *Direito à moradia urbana*: aspectos da dignidade da pessoa humana. Belo Horizonte: Fórum, 2010. p. 210.

de uma nova legislação, de programas, planos de ação e tudo mais que se fizer necessário para garantir esse direito", e "esta conclusão não prejudica e nem se contrapõe aos artigos 5º, §1º e 21, XX, da Constituição em vigor", uma vez que "os artigos 5º, §1º e 21, XX, da Constituição vigente, não podem ser entendidos como normas que asseguram a imediata aplicação do direito à moradia".

Veremos com Canuto que *moradia* (como direito do indivíduo para elevar sua qualidade de vida e alcançar a dignidade), não se confunde com *direito à propriedade* ("direito real que recai sobre um bem"), e apesar de o Estado de Direito Democrático se preocupar com a erradicação da pobreza, com uma distribuição de renda mais isonômica, com a eliminação da marginalidade e com a redução das desigualdades sociais e regionais (art. 3º, CF/88), todo esse serviço de enfrentamento têm um custo, que nas palavras de Canotilho, "estão sob reserva das capacidades financeiras do Estado, se e na medida em que elas consistem em direitos a prestações financiadas pelos cofres públicos".[140] Então, vejamos:

> A moradia, por evidente, não se confunde com a propriedade, que, embora tenha que realizar uma função social, não dá efetividade ao direito à moradia. O princípio da reserva do possível é, sem dúvida, um limite à efetividade do direito à moradia, explicitando-se que não se nega a eficácia desse direito, mas, sim, a sua efetividade pelo próprio cidadão, cabendo, porém ao poder público criar condições para isso.[141]

---

[140] CANOTILHO, José Joaquim Gomes. *Estudos sobre direitos fundamentais*. Coimbra: Coimbra Ed., 2004. p. 107.
[141] CANUTO, Elza Maria Alves. *Direito à moradia urbana*: aspectos da dignidade da pessoa humana. Belo Horizonte: Fórum, 2010. p. 210.

Essa assertiva acompanha, sem dúvida, a necessidade de pensar a extensão da chamada *reserva do possível*. Se é verdade que o Estado na sua tarefa política de implementação dos serviços sociais tem despesas, a envergadura dos efeitos desse serviço a ser prestado se esbarra na limitação dos recursos disponíveis, uma vez que "a limitação de recursos impede a concretização desses direitos".[142] Em poucas palavras, a *reserva do possível* "representa, portanto, um limite fático e jurídico à concretização judicial dos direitos sociais (...)".[143] E conclui:

> (...) o cidadão não pode ser privado de uma moradia digna, não significando, contudo, que o Estado ou município é o destinatário da norma, e nem que seja obrigado a prover moradia a cada cidadão. Os meios jurídicos para proteção da posse e da propriedade da moradia estão disponibilizados ao homem, bem como a proibição de impedi-lo de conquistá-lo. Esta é a eficácia da norma, e o fato de o cidadão não ter uma moradia, ainda que não seja própria, não a torna inócua. Efetivar a norma não está a cargo do Poder público, no sentido de prover uma moradia para cada um. Para dar ou buscar a efetividade da norma, a Constituição Federal em vigor fez constar no artigo 21, XX, a competência da União para instituir diretrizes para o desenvolvimento urbano, inclusive habitação, saneamento básico e transportes urbanos, confirmando tratar-se de garantias institucionais. É na efetividade da norma, para muitos tutelada pelos artigos 5º, §1º e 21, XX, da Constituição em vigor, que se encontra a problemática da *reserva do possível* e a discussão sobre a legitimação dos tribunais para

---

[142] SARLETE, Ingo Wolfgang. *A eficácia dos direitos fundamentais*. Porto Alegre: Livraria do Advogado, 2007. p. 303.
[143] CANUTO, Elza Maria Alves. *Direito à moradia urbana*: aspectos da dignidade da pessoa humana. Belo Horizonte: Fórum, 2010. p. 208.

definir o seu alcance (...). O orçamento público, quando não cumprido, traz consequências e, diante da separação de poderes, o Judiciário não pode determinar o direcionamento de recursos, embora não possa furtar-se à apreciação do direito reclamado. (...) O dogma da reserva do possível não pode provocar a reversibilidade dos direitos sociais ou a inocuidade; (...) Vencer a reserva do possível, por meio do Poder Judiciário, também não é o caminho, mas é necessário que se encontre, senão a forma ideal, pelo menos uma que atenda interesses públicos e privados, articulando os direitos sociais com as políticas sociais, para que o Poder público cumpra o seu dever de instituir diretrizes para o desenvolvimento urbano.[144]

São pertinentes as observações sobre a *reserva do possível* (teoria do financeiramente possível), que, aliás, iniciou-se na Alemanha, no Tribunal Constitucional Federal (*Bundesverfassungsgericht*), ao tratar do caso "*numerus clausus* das vagas em Universidades" (Hamburgo e Munique), conforme demonstra a vigorosa pesquisa de George Marmelstein.[145] Nisso, a norma alemã (art. 109, §2º) da Lei Fundamental expõe que "em sua política orçamentária, a Federação e os estados devem considerar exigências do equilíbrio global da economia".

Mas falar apenas que existe a *reserva do possível* e ponto, é viver desesperança. Saber se um direito fundamental deve ou não ser aplicado por causa de limitação financeira não é, portanto, uma questão nova no Judiciário quando a administração governativa se defende em juízo. É claro,

---

[144] CANUTO, Elza Maria Alves. *Direito à moradia urbana*: aspectos da dignidade da pessoa humana. Belo Horizonte: Fórum, 2010. p. 211-212.
[145] MARMELSTEIN, George. *Curso de direitos fundamentais*. São Paulo: Atlas, 2008. p. 318.

pois, que as decisões devem estar atentas à capacidade financeira do Estado. Vê-se que se realmente não há como atender ao pedido judicial sob alegação de limite financeiro, que esse argumento seja demonstrado e comprovado. Poder-se-ia dizer que o *ônus da prova* de que não há recurso financeiro suficiente para o asseguramento de direito fundamental pleiteado é da *administração governativa*.[146]

Tudo isso pelo motivo de que não há como negar que na preparação dos planos econômicos e leis orçamentárias já houve um diagnóstico dos possíveis gastos públicos a fim de atender preliminarmente os assuntos considerados fundamentais, conforme referências inafastáveis dos art. 3º, III, e art. 165, §7º, da Constituição de 1988, e seus conhecidos fins de *erradicação da pobreza* e da *marginalização* bem como a *redução das desigualdades sociais, regionais e inter-regionais*. Releva notar que também os juízes examinatórios, com esteio na *teoria da prova*, afastam, no caso a caso, a possibilidade de decisões irresponsáveis que acatam todo e qualquer pedido encaminhado pela via da instalação de procedimentos judiciais.

Por isso, mais grave de tudo é esse caráter tópico-retórico que muitos dão à "reserva do possível" com requinte de "categórico universal". De duas, uma: ou a vagueza e a ambiguidade da reserva do possível devem-se à falta de compreensão do que é Direito Econômico na *democracia* (e de seus elementos orçamentários, financeiros e de ganho sistêmico) ou é caso declarado de simples opção política travestida de argumento jurídico.

---

[146] MARMELSTEIN, George. *Curso de direitos fundamentais*. São Paulo: Atlas, 2008. Ainda sobre uma análise crítica a respeito da chamada "reserva do possível", indica-se: MOREIRA, Alinie da Matta. *As restrições em torno da reserva do possível*. Belo Horizonte: Fórum, 2011.

A partir de toda essa exposição, já se impõem reflexões corretivas em todos os campos da organicidade administrativa, para ajustar o discurso da *reserva do possível* à coerência constitucional no âmbito habitacional.

Noção de poder público legítimo e *Estado* como espaço público de regência constitucional democrática

Este tópico quer ser uma reflexão para desfazer possíveis enganos de interpretação jurídica em relação à figura do Estado e demarcar um pouco melhor a fronteira entre decisão estatal e legitimidade. O presente *texto* busca, por conseguinte, elaborar argumentos pautados no Estado de Direito Democrático (art. 1º, CF/88). Do contrário, tudo será incompatível em termos paradigmáticos.

Os autores clássicos concebiam o Estado como algo totalizador e fortemente assentado na figura mítica do "poder" (Santo Agostinho, Marsílio de Pádua...), atingindo sua expressão máxima com Luís XIV (1643-1715), conhecido como o Rei Sol, o maior dos reis absolutistas da França, considerado a verdadeira "encarnação" personificada do poder, a ele atribuída a famosa frase: *L'État c'est moi* (O Estado sou eu). No mais, concordamos com Rosemiro Leal quando diz que "o Estado, desde Maquiavel, é instrumento mítico de afirmação de grupos ou classes que fazem o rodízio do poder em nome de uma abstração chamada povo".[147]

Assim, a busca delirante por força e imposição e os irredutíveis diálogos com o povo foram a marca do Estado

---

[147] LEAL, Rosemiro Pereira. *Direito econômico*: soberania e mercado mundial. Belo Horizonte: Del Rey, 2005, p. 88.

em sua trajetória secular, mas que perde a dimensão de fonte inatacável no momento em que é chamado a confrontar-se com as pretensões democráticas de legalidade e legitimidade.[148]

Contudo, é preciso ter em mente que não é o Estado, e sim um grupo ou classe de *pessoas* que impõe a construção do *poder*. Mais ainda, esse grupo pode *usurpar* o espaço público que acaba sendo construído fora da originalidade popular (demonstrando vocação *antissocial*), sendo, portanto, um cadafalso à revelia de teorias de demarcação da linguagem democrática. Por isso, Estados comandados por um partido de representação da classe operária é uma hipótese que requer cautela. Os exemplos de corrupção na vida política sobre o assunto são fartos, e tudo que aqui fosse comentado seria repisar assunto fartamente conhecido. O problema é que sempre há riscos de "grupos ou classes fazerem o rodízio do poder" em nome de um *simulacro* de democracia, sem comentar os altíssimos índices de corrupção por parte de quem é do governo, do *partido*, como já aconteceu em alguns países governados por *partido comunista*, onde as empresas nacionalizadas viraram cabide de emprego para os amigos "camaradas" incrustados nesse *esconderijo* chamado Estado. Nesses casos, a classe operária não assumiu a administração do Estado, mas sofreu com o exercício da máquina do governo-partido comunista, com os seus dirigentes no desfrute de privilégios inerentes à classe dominante.

Do mesmo modo que não existe certeza de que o "capitalismo" irá durar para sempre, também *não* dá para afirmar que o período histórico seguinte é o *socialismo* ou

---

[148] HELLER, Hermann. *Teoria do Estado*. São Paulo: Mestre Jou, 1968. p. 289.

comunismo. Como o futuro não é predeterminado, a ciência é impotente para predizê-lo (se o homem é imprevisível o futuro também o é). Cada sistema social se desenvolve por características diversas, como a mudança do *laissez-faire* (mercado livre) para o sistema de intervencionismo político-econômico por parte do Estado, prescindindo de um elo que necessariamente passasse pelo sistema socialista ou comunista.[149]

Por isso este livro está muito longe de defender a teoria do Estado de Marx, a qual não sugere reformas institucionais e nem "a variedade de fins a que essa instituição talvez possa servir".[150] Não existe certeza de que "após a revolução social", com o proletariado no poder, haverá o despertar da consciência de classe, e, por consequência, um mundo-contra-a-hipocrisia (um mundo melhor!). Isso é predizer o futuro, é predição científica (historicismo profético), uma consideração romântica, um engano fatal. Tudo porque o problema pode sair pela porta e voltar pela janela. Ao trocar uma *ditadura* por *outra*, grupos de trabalhadores também obtêm privilégios. E, em face da *lei*, não deveria haver classes privilegiadas. No entanto, não devemos censurar Marx por pensar "que o Estado é um órgão para opressão de uma classe pela outra", tendo em vista o período de cruel exploração em que viveu, com a selvageria do capitalismo de sua época (período em que o trabalhador não gozava de nenhum direito). Por isso a crítica marxista, que não é totalmente falsa, torna-se falsa (*cientificamente falando*), quando se esquece de integrar na

---

[149] POPPER, Karl. *A sociedade aberta e seus inimigos*. Belo Horizonte: Itatiaia; Edusp, 1987. v. 2, p. 147.

[150] POPPER, Karl. *A sociedade aberta e seus inimigos*. Belo Horizonte: Itatiaia; Edusp, 1987. v. 2, p. 125.

teoria o falseamento de sua fala diante do papel do Estado na ordem Constitucional e Democrática como instituição estabilizadora de direitos fundamentais.

À evidência o que se torna perigoso num Estado é qualquer forma de relação de dominação *não* controlada, *não* fiscalizada. Na *democracia* temos os institutos básicos para pensar um Estado democrático, legítimo, submetido a controle institucional. Se essa direção não for observada, a democracia gira em falso. É altamente relevante ao Direito Democrático "que toda política em larga escala deve ser institucional e não pessoal".[151] Para isso, devemos é saber usar a fiscalização e o planejamento. É fato que o *Estado* pode ser usado como forma de dominação, mas também pode (e deve!) ser mobilizado para combater as relações de dominação (voltou a ser urgente a reengenharia do Estado). Devemos construir instituições para o controle democrático do poder econômico e para salvaguardar a população da exploração econômica das grandes empresas de capitalismo dominador, a fim de não chegarmos à pauperização social. Por isso o estabelecimento de instituições para a fiscalização/controle democráticos dos administradores-governativos é de extrema importância no combate à exploração.

Como visto, a conotação original e primitiva de Estado ganha contornos mais nítidos e modernos se amoldada ao paradigma Constitucional da vigente Constituição Brasileira, algo que Marx, evidentemente, nem sequer imaginou um dia existir no rumo da segurança social. A partir desse exercício de contextualização, o *Estado* perde sua força autoritária, consoante as novas exigências distintivas e críticas,

---

[151] POPPER, Karl. *A sociedade aberta e seus inimigos*. Belo Horizonte: Itatiaia; Edusp, 1987. v. 2, p. 136.

ganhando, dessa forma, novo sentido, o que o faz distanciar de sua tormentosa história.

O que emerge dessa reflexão é que o *Estado* no direito democrático (não dogmático) não pode ter o significado de violência que lhe deu a história, uma vez que violência é sinônimo de supressão do diálogo institucionalizado, e, portanto, não encontra mais acolhida na *democracia*, a qual preza a decisão compartilhada, o argumento contraditado e amplo, a fiscalidade isonômica, a quebra da imposição da autoridade. Daí, a necessidade de o Estado sofrer uma metamorfose necessária e passar a ser utilizado no sentido de *status*, de espaço do dever, de respeito à *lei* produzida e escrita pelo *povo* (coletivo de cidadãos) como legitimador do ordenamento jurídico, porque na *democracia* o "Estado" somos *nós*, todos os *cidadãos*. De conseguinte, o registro de Ronaldo Brêtas,[152] em corajosa tese de doutorado, desmistifica o Estado blindado e define a *responsabilidade estatal* na ordem jurídica interna, atribuindo-lhe responsabilidade por danos causados às pessoas físicas ou jurídicas em virtude do mau funcionamento dos serviços públicos, em especial a função jurisdicional.

E mais: o Estado, conforme lembrança do saudoso Sérgio Buarque de Holanda,[153] não pode ser visto como "uma ampliação do círculo familiar" como queriam doutrinadores "mais entusiastas durante o século XIX", pois, "de acordo com esses doutrinadores, o Estado e as suas instituições descenderiam em linha reta, e por simples evolução, da família".

---

[152] BRÊTAS, Ronaldo. *Responsabilidade do Estado pela função jurisdicional*. Belo Horizonte: Del Rey, 2004.

[153] HOLANDA, Sérgio Buarque de. *Raízes do Brasil*. São Paulo: Companhia das Letras, 1995. p. 141.

O Estado, dessa forma, é mais uma instituição que se *legitima* na Constituição. Do contrário, se o *Estado* (administração pública) não se restringe a obedecer aos limites constitucionais ("simulacro de um poder emanado do povo"), haverá uma extrema arbitrariedade e também uma superioridade do Estado sobre o indivíduo, que não obtém a soberania do cidadão, mas de si próprio, que dirige o *público* por interesses privados de um grupo que o representa, que vê o povo apenas como um componente de formação estatal,[154] o que do ponto de vista da *democracia* é algo que deve ser afastado.

Assim, o Estado Constitucional no viés da teoria democrática há de declarar uma *ruptura radical* com essa "esfera pública" estratégica, paranoidizada, utilitarista e dominadora na qual habitam essas administrações ardilosas da atualidade dominante. Daí a necessidade de que elas sejam estudadas como rota de criação de novas *conjecturas* para ultrapassagem de seus "saberes" estratégicos. Entretanto, se ainda não sabemos muito sobre "democracia e legitimidade", estamos lúcidos quanto à necessidade de mais pessoas assumirem uma autoria científica, ao lado de escolas jurídicas do ensino universitário, para aprofundarmos os esclarecimentos sobre essa *instituição* fundadora de uma nova esperança para a redução das catástrofes sociais. Ainda trabalhamos muito precariamente o "Estado Constitucional e Democrático", apesar de haver alguns trabalhos que já abriram perspectivas bem interessantes.[155]

---

[154] ABBAGNANO, Nicola. *História da filosofia*. Lisboa: Presença, 2000. v. 8, p. 109.

[155] MADEIRA, Dhenis Cruz. *Processo de conhecimento e cognição*: uma inserção no Estado democrático de direito. Curitiba: Juruá, 2008; ALMEIDA, Andréa Alves de. *Processualidade jurídica e legitimidade normativa*. Belo Horizonte: Fórum, 2005; DIAS, Ronaldo Brêtas de Carvalho. *Responsabilidade do Estado pela função jurisdicional*. Belo Horizonte: Del Rey, 2004; LEAL, Rosemiro Pereira. *A teoria processual da decisão jurídica*. São Paulo: Landy, 2002.

A advertência é cabível porque ninguém vai conseguir ampliar as linhas do conhecimento em *democracia* por mero autodidatismo, intuição, talento, faro sociológico ou sensibilidade, porque só agora, com a Constituição de 1988, entramos num painel que já deveria estar explorado há séculos. Só agora estamos descobrindo que a *lei* estratégica é genocida, perversa, excludente e engenhosa. Tem-se aí o *estado de exceção* (espaço vazio, zona de indiscernibilidade entre público e privado, fato e direito),[156] que reduz, por conseguinte, o cidadão à *vida nua* (espaço que deixa o Estado inteiramente livre para agir como quiser)[157] e cria o espaço do soberano onde o que predomina é a sua *força-de-lei* (*lei* como golpe de força).[158]

O Estado em sua secular, bárbara e violenta atividade precisa ser desconstruído e reconstruído gradativamente pelo homem antes mesmo que alguns grupos façam suas autoinserções de modo a engendrar a sua própria razão dolosa, corporativista e excludente. A produção científica é o imprescindível antídoto ao absurdo da existência para expurgar a verbalização (legiferação) da razão estratégica como sintoma de nosso ainda *equivocado* conceito de *esfera pública*.

Daí, a necessidade de um estudo científico (Teoria do Estado e da Constituição) capaz de delimitar (elucidar) melhor esse hiato aberto na estrutura governamental. Verifica-se, portanto, que o Estado na democracia é *estabilizador* dos atos produzidos no espaço democrático (espaço demarcado pelas leis construídas em discursividade argumentativa testificável). Na sociedade moderna, fundada na racionalidade

---

[156] AGAMBEN, Giorgio. *Estado de exceção*. São Paulo: Boitempo, 2004. p. 78.
[157] AGAMBEN. *Homo Sacer*: o poder soberano e a vida nua I. Belo Horizonte: Ed. UFMG, 2002.
[158] DEL NEGRI, André. *Processo constitucional e decisão* interna corporis. Belo Horizonte: Fórum, 2011.

comunicativa, não se admite por parte do Estado (administração governativa) nenhum tipo de sobressalto e afronta aos *direitos fundamentais*, pois ele deve ser, senão, o próprio lugar de garantia jurídica da legalidade e legitimidade.

Propriedade e função social na constitucionalidade brasileira: compreensão sobre as intervenções do Estado

As transformações pelas quais o mundo tem passado nas últimas décadas fizeram com que a hegemonia do capitalismo (e o aumento do consumo) se assentasse claramente nos centros urbanos (sobretudo nas metrópoles) gerando um modelo perverso de urbanização (o *mercado* desenvolve a cidade) e aumentando o valor da terra em locais estrategicamente escolhidos pelo mercado imobiliário e empresas transnacionais em associação pornográfica com as prefeituras (não raro os empreendedores imobiliários são os maiores doadores de campanhas eleitorais municipais), o que leva a um quadro crescente de desigualdade. E assim têm-se as forças econômicas tentando (e muitas vezes conseguindo!) dominanar o plano diretor.

Tem-se dito que muitos proprietários decididos a maximizar seus ganhos com especulação imobiliária deixam seus terrenos ociosos (terrenos de engorda) numa latente utilização da propriedade na contramão da sua *função social*, o que abre via para a intervenção do Estado a fim de pôr em ordem a sua utilização, na sua forma mais drástica, que é a *desapropriação*. Devemos fazer mais uma observação: a desapropriação-sanção pelo descumprimento da *função social da propriedade* (art. 182, §4º, III, CF/88), também conhecida como desapropriação por descumprimento do plano diretor municipal, não se confunde com a *desapropriação por* "necessidade-utilidade pública".[159] Em ambas as hipóteses ocorrerá a *indenização*, pois caso contrário haveria *confisco*, algo vedado constitucionalmente, *salvo* na hipótese de expropriação de glebas utilizadas para a plantação de plantas psicotrópicas (art. 243, CF/88).

A *propriedade* como lugar de repulsa de políticas públicas de exaltação da inclusão é algo que não encontra eixo nas sociedades democráticas. Uma *função social* garantida pela estática da propriedade, uma integração social pelo "silêncio da terra", pela exclusão do outro (encortiçado, favelado, *des*terrado), não é objeto de Estados Constitucionais Democráticos. Assim, a grande questão do futuro é: que *função social* vamos criar para a propriedade brasileira? Depois de 1988 ficou claro que a *propriedade* tem que ser *pró-sociedade* (espaço que se define em coinstituições para que possa ser ofertado a reformas de que o país necessita para atingir vantagem social), em face de uma demanda secular e tirânica de que o homem seria o colecionador (acumulador) de terras num espaço-tempo eterno que lhe pudesse assegurar um modelo de vida estável comprometido tão somente com o seu próprio bem-estar na sociedade. Hoje a propriedade vai do individual ao coletivo pelas determinações das legislações atuais.

Por isso volto ao início. Não dá mais para trabalhar com um conceito de propriedade pelo lado da estática (proprietário inerte no silêncio como sinônimo de *primeiro-último-dono*) que continua ceifando a superveniência de um

---

[159] Decreto-Lei nº 3.365/41 prevê, no art. 5º, as hipóteses de *utilidade pública*. Conferir, entre outras: Lei nº 4.771/65, e as hipóteses de utilidade pública e interesse social; Lei nº 4.132/62; CF/88, art. 5º, inciso XXIV, e Lei nº 10.257/01 (que, entre tantas medidas, trata da desapropriação urbanística demarcando referências quanto à desapropriação para urbanificação e a desapropriação por descumprimento da *função social* da propriedade urbana), e, ainda, Lei nº 8.629/93 e Lei Complementar nº 76, as quais versam sobre a desapropriação de imóveis rurais para fins de *reforma agrária*.

país em moldes de construir uma sociedade livre, solidária, comprometida com o desenvolvimento social e a erradicação da pobreza, da marginalidade e das desigualdades sociais e regionais (art. 3º, CF/88), sem se deslembrar do compromisso com as questões de "valorização do trabalho humano" a fim de "assegurar a todos existência digna" (art. 170, *caput*, CF/88).

A *função social* da propriedade, portanto, é esse conjunto de normas compromissadas com os objetivos da Constituição Federal, com o Estatuto da Cidade (Lei nº 10.257/01) e com o Plano Diretor do Município. É uma utilização *racional* da propriedade. Não é apenas utilizar a propriedade, não é simplesmente edificá-la. É necessário mais. É preciso que nela se desenvolvam atividades *lícitas* e *úteis* a atingir o equilíbrio socioambiental (art. 225, *caput*, CF/88), a fim de não frustrar dispositivos constitucionais caracterizadores do Estado de Direito Democrático (art. 1º, CF/88). A obrigação de tornar esses objetivos acessíveis a todos é da Administração Governativa, através dos meios institucionais cabíveis. A partir daí verifica-se que há diversas finalidades para assegurar a função social. Uma delas é o instituto jurídico da *desapropriação* para fins sociais, à medida que se entenda desapropriação como uma sanção pelo fato de a propriedade não cumprir com a sua função social, não apresentando a devida utilização.[160]

Dificilmente se imaginaria leituras tão altas se não fosse o significativo surgimento da Constituição Brasileira de 1988 e o consequente avanço de legislações no terreno da desapropriação, da usucapião constitucional e especial coletiva de imóveis e regularização fundiária. O certo é que

---

[160] É pertinente dizer que o *Estatuto da Cidade* prevê, no seu art. 2º, uma linha reguladora para cumprimento da *função social da propriedade*. Não podemos nos esquecer do art. 1.228 (e parágrafos respectivos) do Código Civil, o qual encerra os direitos do proprietário.

não é apenas ocupando a terra que o quadro da desigualdade social desaparecerá, pois essa posse da terra só terá viabilidade se o país tiver um projeto político e econômico contra o aprofundamento da miséria; um *projeto popular* que acabe com essa massa de desempregados e empobrecidos, que ultrapasse a linha do estômago e que garanta trabalho e renda, acesso à moradia, infraestrutura, saúde e escola (rampa de decolagem para a tríade *terra-direito-democracia*).

Note-se que os procedimentos institucionalizados para organizar o uso do espaço urbano, e permitir as intervenções necessárias às áreas de destino público, estão traçados, *grosso modo*, em parte na Constituição Federal e em parte no Estatuto da Cidade (Lei Federal nº 10.257/01).[161] Sem controle e fiscalidade por parte do *poder público* (veja-se que em algumas cidades existe a Promotoria de Habitação e Urbanismo), não se esquecendo da fiscalização da própria *sociedade*, a busca desse "equilíbrio" entre forças capitalistas e leis de ordem social, o quadro poderia estar bem pior.

Atuação da administração governativa na organização das cidades: notas sobre medidas jurídico-urbanísticas tendentes a equilibrar capitalismo e comandos de ordem social

Como já foi dito, em 1988, pela primeira vez, uma Constituição pronunciou-se sobre as *cidades*, uma verdadeira

---

[161] Outras normas traçam diretrizes sobre questões urbanísticas, como a denominada "Lei do Parcelamento do Solo" (Lei nº 6.766/79), a qual, diga-se de passagem, omitiu-se sobre a figura dos "condomínios fechados". Sabe-se que há um projeto de lei em andamento (Projeto de Lei nº 3.057, de 2000), que tem, entre tantas questões, a finalidade de regulamentar a figura dos "condomínios fechados". A definir. Há, entretanto, a cautela para que referido projeto não invada a autonomia dos Municípios em tema de repartição de competências.

revolução pormovida pela Constituição a fim de combater os problemas urbanos. Há espaço, então, na regra do art. 182 da CF/88 e nas diretrizes da política urbana (Lei nº 10.257/01 — outro importante instrumento de fortalecimento social), para que todo Município com mais de 20 mil habitantes fique obrigado a elaborar um *plano diretor*, aprovado pela Câmara Municipal, e atrelado às diretrizes do Estatuto da Cidade, aberto à participação ativa dos cidadãos, definindo como deve ser a ocupação do espaço municipal (destino de áreas urbanas e rurais, e as normas a serem obedecidas em ocupação territorial).[162] Deve-se acrescentar, como já foi ressaltado, que o *plano diretor* deve se ater às regras federais e estaduais de ocupação do território e ao planejamento da região metropolitana ou microrregião a que o Município pertença.

Nessa perspectiva, dentro do Município há uma política habitacional que é verdadeira ação integrada, ou melhor, um conjunto de medidas asseguradas em *lei* (Plano Diretor e diretrizes do Estatuto da Cidade — Lei nº 10.257/01) que, entre tantos assuntos, visam interromper os sobressaltos sociais no campo da *moradia*, a fim de organizar o espaço urbano por meio do devido planejamento.

---

[162] O *plano diretor* é uma lei municipal obrigatória para todas as cidades com mais de 20 mil habitantes e para aquelas constantes na recomendação do art. 41 da Lei nº 10.257, de 10 de julho de 2001: "(...) II - integrantes de regiões metropolitanas e aglomerações urbanas; III - onde o Poder Público municipal pretenda utilizar os instrumentos previstos no §4º do art. 182 da Constituição Federal; IV - integrantes de áreas de especial interesse turístico; V - inseridas na área de influência de empreendimentos ou atividades com significativo impacto ambiental de âmbito regional ou nacional. §1º No caso da realização de empreendimentos ou atividades enquadrados no inciso V do *caput*, os recursos técnicos e financeiros para a elaboração do plano diretor estarão inseridos entre as medidas de compensação adotadas. §2º No caso de cidades com mais de quinhentos mil habitantes, deverá ser elaborado um plano de transporte urbano integrado, compatível com o plano diretor ou nele inserido".

Assim, uma série de medidas jurídicas (intervenção do Estado na propriedade privada) pode ser viabilizada para interromper a exclusão social. São conhecidos os seguintes procedimentos, em resumo sumaríssimo: a) concessão de direito real de uso;[163] b) contrato de concessão;[164] c) parcelamento, edificação ou utilização compulsórios;[165] d) IPTU progressivo no tempo;[166] e) desapropriação;[167]

---

[163] *Grosso modo* afirma-se como concessão de "direito real de uso" (Decreto-Lei nº 271/67) a transferência de unidades habitacionais encampadas pela administração governativa para satisfazer interesses de população assentada irregularmente em imóvel público.

[164] Em linhas gerais, anota-se que o instituto jurídico do *contrato de concessão*, que tem norma geral estabelecida na Lei nº 8987/95, pode ser individual ou coletivo e ainda pode ser gratuito ou oneroso ao beneficiário da concessão.

[165] Pode-se dizer que para os imóveis que não cumpram a sua *função social*, o Estatuto da Cidade (Lei nº 10.257/01) autoriza o Município a notificar o proprietário de imóvel ocioso ou mal aproveitado a usá-lo conforme a definição estabelecida quanto às áreas destinadas no Plano Diretor.

[166] O IPTU progressivo no tempo é instrumento aplicado em ocasiões determinadas pelo Estatuto da Cidade e pelo Plano Diretor quando comprovado desrespeito à notificação do parcelamento, edificação ou utilização compulsórios. Nessa circunstância, o IPTU pode ser dobrado a cada ano, até o limite de 15% do valor de venda do imóvel (Constituição Federal, art. 156, I, c/c. art. 147, *in fine*). Enquanto não houver uma legislação que coíba a especulação imobiliária, seria o IPTU progressivo uma forma de combater essa especulação?

[167] Destaque-se que mesmo com a sanção da administração pública quanto ao IPTU progressivo, o proprietário que não utilizar o imóvel conforme destinação da área do plano diretor poderá ter o imóvel desapropriado por decisão da prefeitura municipal, com apoio em lei incluída no plano diretor, mediante indenização, por meio de títulos da dívida pública em parcelas anuais iguais e sucessivas por até 10 anos (art. 184, da CF/88). Decreto-Lei nº 3.365/41 prevê, no art. 5º, as hipóteses de necessidade e utilidade pública, que é outra forma de *desapropriação*. Conferir, entre outras: art. 5º, inciso XXIV, CF/88, e Lei nº 10.257/01 (que, entre tantas medidas, trata da desapropriação urbanística demarcando referências quanto à desapropriação para urbanificação e a desapropriação por descumprimento da *função social* da propriedade urbana); Lei nº 8.629/93 e Lei Complementar nº 76, as quais versam sobre a desapropriação de imóveis rurais para fins de reforma agrária. Para maiores informações, pesquisa e comentários técnicos, ver Renata Peixoto Pinheiro (*Desapropriação para fins urbanísticos em favor de particular*. Belo Horizonte: Fórum, 2004).

f) usucapião urbana;[168] g) direito de superfície;[169] h) direito de preempção;[170] i) regulação fundiária;[171] j) consórcio imobiliário.[172]

---

[168] Toda pessoa que, por cinco anos ininterruptos e sem oposição, resida em área urbana de até 250m² tem direito à propriedade dessa área (exceto se for pública), desde que não tenha outro imóvel urbano ou rural. (Cf. Lei nº 10.257/2001 e arts. 182 e 183 da CF/88). Ver, por exemplo, em âmbito bibliográfico: CORDEIRO, Carlos José. *Usucapião constitucional urbano*: aspectos de direito material. São Paulo: Max Limonad.

[169] O *direito de superfície* é um instituto jurídico instituído no Brasil pelo Estatuto da Cidade, em 2001, e pelo Código Civil, em 2002. Para uma bibliografia completa, Cf. LIRA, R. P. O direito de superfície e o novo Código Civil. *Revista Forense*, Rio de Janeiro, n. 364, nov./dez. 2002; DI PIETRO, Maria Sylvia Zanella. *Estatuto da cidade*: comentários à Lei Federal 10.259: direito de superfície. São Paulo: Malheiros, 2003. A partir da obra de Lígia Melo extrai-se o seguinte conceito: o direito de superfície "é a possibilidade de aproveitamento de imóveis urbanos em que é permitido construir ou plantar em solo alheio, sem afetar o domínio de quem o possui. Tal instrumento de natureza civilista, pois se trata de direito real, pode ser utilizado para aproveitamento de imóveis que não estão sendo utilizados, são subtilizados ou não estão edificados com o fim de atender à política urbana de natureza habitacional" (MELO, Lígia. *Direito à moradia no Brasil*. Belo Horizonte: Fórum, 2010. p. 85).

[170] Tem-se o direito de *preempção* quando o Município passa a ter preferência sobre os particulares na compra de imóvel à venda, com base no valor de mercado (art. 26 do Estatuto da Cidade – Lei nº 10.257/01).

[171] Medida Provisória nº 459/09, ao instituir o Programa "Minha Casa, Minha Vida", trouxe um capítulo inteiro (Capítulo III) com disposições para a Regularização Fundiária de Assentamentos Urbanos. O Projeto de Lei de Conversão nº 11 de 2009 foi aprovado no Congresso Nacional, e, posteriormente, a Lei Federal nº 11.977/09 foi sancionada pelo Presidente da República. Adentra a lei nos seguintes tópicos: a) a regularização fundiária é competência dos municípios; b) os municípios definem as diretrizes para a regularização.

[172] Consórcio imobiliário "é maneira de ver realizada a função social da propriedade, pois pode ocorrer em consequência da verificação de seu descumprimento. É uma possibilidade de parceria quando o proprietário de um imóvel declarado pelo Poder Público como subtilizado, não utilizado ou não edificado optar, quando do cumprimento da obrigação imposta pelo Município, por realizar um consórcio com este. Por meio do consórcio, após a realização das obras de urbanização e a entrega de uma quantidade de lotes, correspondente ao valor total das áreas antes da execução das obras, o Poder Público poderá, com aqueles que ficaram em sua posse, utilizá-los para atender à população, efetivando o direito à moradia adequada" (MELO, Lígia. *Direito à moradia no Brasil*. Belo Horizonte: Fórum, 2010. p. 90). Neste sentido, Cf. CARMONA, Paulo Afonso Cavichioli. *O consórcio imobiliário como instrumento de intervenção urbanística*. Belo Horizonte: Fórum, 2007.

CAPÍTULO 4

NOTAS PARCIAIS SOBRE PLANEJAMENTO E TEORIA ECONÔMICA

Tentativa de explicação

As teorias sobre o planejamento são estudadas como diretrizes para a correção de desigualdades nacionais, locais ou regionais. Neste ponto nos esforçaremos em ressaltar que o asseguramento de moradia como direito fundamental está na dependência de planejamento e teorias econômicas do direito democrático. Todavia, os direitos sociais, como a *moradia*, por exemplo, é um desafio para os governos federal, estadual e municipal, que precisam estabelecer condições materiais adequadas a fim de garantir a implementação dos direitos sociais e a inclusão de pessoas na plataforma constitucional, uma vez que a Constituição Brasileira de 1988 assegura direitos às minorias (art. 1º, III; art. 3º, I, III; art. 4º, II; art. 5º, I; art. 170, VII). É nessa direção que a própria ideia de planejamento (processo contínuo, permanente) contribui para a efetivação de tais direitos, e a compreensão de uma *teoria econômica na democracia* é matéria imprescindível. Não é exagero, portanto, afirmar que planejamento e teoria econômica do Direito frente ao crescimento econômico efetivam o desenvolvimento, contribuindo para um fim que é a erradicação/neutralização dos problemas sociais. Essa deveria ser a teoria econômica trabalhada nas *democracias*. O tema é objeto de extensa literatura nacional e internacional que discorre com inteligência a respeito de questões tão complicadas. Por isso o assunto é abordado neste ensaio com o título de "notas parciais" sobre planejamento e teoria econômica. É o que se verá a seguir.

A teoria econômica do Direito em Richard Posner

Richard Posner[173] não é apenas um *former professor* da Escola de Chicago, Estados Unidos. Ele é, certamente, um dos renomados pensadores que prestou valiosas contribuições acadêmicas e pode ser considerado um desmistificador. Para compreendê-lo, o primeiro ponto a ser analisado é entender que sua teoria está envolvida por um conceito de Moral,[174] o que, de logo, requer esclarecer que não é nada ligado à moral kantiana, pois não é axiomática, não é juízo de valor como em Kant; em outros termos, a questão Moral é um compromisso para com os perdedores, e Posner

---

[173] POSNER, Richard. *El análisis económico del derecho*. México: Fondo de Cultura Econômica, 2000.
[174] POSNER, Richard. *El análisis económico del derecho*. México: Fondo de Cultura Econômica, 2000. p. 249.

aplica sua Moral à questão da *eficiência*,[175] não a eficiência produtiva do trabalho, mas a eficiência do *sistema econômico*.

Assim, declinou Posner que o lucro, em si, tem que reservar uma partilha de si mesmo para reparar uma perda econômica, uma vez que ele acredita na hipótese permanente de que todo ganho pressupõe uma perda, a qual deve ser compensada. Exemplifica-se: o problema das *favelas* se agravou nos últimos anos. Apesar da ocorrência, constata-se o aumento constante de edificações luxuosas em áreas próximas àquelas localidades. Em um lance controverso, podemos detectar que o edifício cresce, e a favela, ao lado, não muda; a bem dizer a realidade até pode piorar. O crescimento estimado da construção, de fato, ocorreu, pois o edifício cresceu, o que não significa que a situação econômica melhorou para todos os moradores da favela. Se houve crescimento, neste exemplo, para um lado, houve queda constante do outro. O crescimento para os favelados foi zero, se comparado aos proprietários construtores de edificações. Então, a inevitável pergunta: como corrigir essas distorções?

Percebe-se que a teoria de Posner é capaz de desenvolver políticas econômicas para que o ganho já incorpore uma indenização a ser recolhida para um determinado fundo, pois todo ganho corresponde a uma perda. Observa-se que essa visão é completamente diferente de um tributo confiscatório, porque o recolhimento é do *plus* (é do lucro); reserva-se um pedaço deste *plus* para o desenvolvimento de políticas econômicas.

---

[175] ALPA, Guido. *A análise econômica do direito na perspectiva do jurista*. Tradução de João Bosco Leopoldino da Fonseca. Belo Horizonte: Movimento Editorial da Faculdade de Direito da Universidade de Minas Gerais, 1997. p. 19.

Já que o lucro no capitalismo é inevitável, e por um golpe de vontade não se pode erradicá-lo, Posner quer apenas dizer aos membros dessa sociedade altamente complexa, enquanto "jogadores do capitalismo", que há possibilidade de viabilizar um capitalismo numa concepção mais próxima do *ganho sistêmico*. À medida que se faz essa viabilização, o capitalismo é amenizado e a democracia (Constituição e suas diretrizes) entra no sistema.

Marx dizia que o capitalismo fica no mundo da vida, quer dizer, é um sistema que impede a ressimbolização do mundo da vida. A teoria de Posner, como apresentada muito superficialmente até aqui, não diz isso, e, portanto, também não vai contra as concepções habermasianas.[176]

Nessas circunstâncias, pode-se concluir que a grande proeza de Posner foi afastar o padrão dos escolásticos e seus dogmas: "não lesar ninguém", "dar a cada um o que lhe é devido". Há uma quebra de toda essa *episteme* escolástica dizendo que o importante não é lesar ninguém, mas uma vez ocorrendo a lesão, o importante é saber se essa lesão pode ser sancionada. Até aqui é possível perceber que a sociedade contemporânea é extremamente complexa, com uma série de sistemas especializados como, por exemplo, o Direito, o Estado, o Mercado, a Política, a Economia. Assim, se enfocarmos por esse ângulo, pode-se concluir que o estudo do Direito Econômico torna-se imprescindível, porque abre espaço para discutir, teoricamente, as políticas econômicas adotadas pela Constituição de 1988, a qual tem comprometimento com os direitos fundamentais já acertados no plano constituinte.

---

[176] HABERMAS, Jürgen. *Direito e democracia*: entre facticidade e validade. Rio de Janeiro: Tempo Brasileiro, 1997. v. 2, p. 10.

CAPÍTULO 4 | 131
NOTAS PARCIAIS SOBRE PLANEJAMENTO E TEORIA ECONÔMICA

Outro ponto extremamente discutido é, sem dúvida, a definição de *ganho de eficiência*, o qual, aliás, não tem a mesma compreensão no Estado Liberal e Social de Direito. No Direito Econômico do Estado de Direito Democrático, como o Brasil, onde se vivencia uma exclusão social intolerável, o ganho de eficiência não pode ser entendido tão somente como comportamento individual (visão atomizada), pois tem que ser medido pelo volume de implementação dos direitos à vida, à dignidade e à liberdade. Nesse sentido, o *ganho de eficiência* vai significar a atuação dos agentes econômicos no âmbito da estatalidade em uma relação custo-benefício, o que deveria ser estudado pelo princípio da economicidade, que foi trabalhado de forma pioneira pelo Professor Washington Peluso Albino de Souza.

Desta forma, em Washington Albino,[177] o Direito Econômico tem por objeto regulamentar as medidas de política econômica referentes às relações e interesses individuais e coletivos, harmonizando-as pelo princípio da economicidade. Assim, referido autor diz que prefere o termo *economicidade* (expressão acolhida pela redação do art. 170, CF/88), como significado de uma "linha de maior vantagem nas decisões da política econômica".[178] Percebe-se, nessa versão, que a economicidade tenta afastar a questão delinquente de lucro-benefício, preocupando-se com a implementação da qualidade de *vida* (vida humana digna), e não com o perfil exitoso dos agentes econômicos.

O Direito Econômico, estudado no paradigma da Constituição Brasileira de 1988, põe em prática, gradualmente, políticas econômicas que devem orientar as *políticas*

---

[177] SOUZA, Washington Peluso Albino de. *Direito econômico*. São Paulo, 1980. p. 3.
[178] SOUZA, Washington Peluso Albino de. *Direito econômico*. São Paulo, 1980. p. 30.

públicas para um melhor compromisso de implementação dos direitos constitucionalmente fundamentais. O problema está em que, no Brasil, os tributos e as receitas tributárias, por não renderem compromisso com a *ordem econômica*[179] do Estado de Direito Democrático, são responsáveis pela grande totalidade de lesões a direito, e o Congresso Nacional deveria rejeitar liminarmente proposta de *lei* incompatível com essa discussão teórica aqui apontada. Com efeito, seria de extrema importância que o Ministério Público estivesse em permanente fiscalização desses ganhos e dessas receitas, a fim de informar ao *povo* que há crescimento e atendimento aos direitos fundamentais. Eis, portanto, a relevância dessa instituição, pois se o Ministério Público não fiscaliza permanentemente o *ganho de eficiência* não se tem o chamado *ganho sistêmico* (ganho que contempla a todos indistintamente), e em não havendo a sua divulgação, é claro, pois, que essa instituição não está cumprindo o seu papel constitucional; logo, está na contramão da constitucionalidade democrática, e, certamente, isso implica em exclusão social e no aprofundamento da miséria coletiva.

Planejamento econômico e governamental

O *orçamento* é ferramenta básica de gestão pública. É por ele que se tem um indicativo das prioridades, bem como da capacidade administrativa do Estado, além de ser eixo fundamental na relação entre o Executivo e o Legislativo.

---

[179] A *ordem econômica* consiste na articulação de três instituições acolhidas pela constitucionalidade brasileira: 1. a lei do planejamento; 2. a lei do plano; 3. a lei das diretrizes orçamentárias (Rosemiro Pereira Leal, aula ministrada no Curso de Pós-Graduação em Direito Processual da Faculdade de Direito do Triângulo Mineiro da Universidade de Uberaba (MG), em 30 de setembro de 2011, informações verbais/notas de aula).

Desta forma, a *esfera pública* não é espaço de liberdade do gestor, que não deve assenhorear-se desse espaço, que é ponto político-jurídico de planejamento. O raciocínio contrário seria o mesmo que sair da democracia e entrar no autoritarismo (uma colisão frontal à Constituição de 1988). Ao lado desse assunto, argumento muito citado pelos especialistas é o *planejamento*. O ato de planejar, portanto, é função da administração pública e seus gestores.

No Brasil, talvez as experiências mais nítidas sobre planejamento governamental se deu a partir da década de 50, do século passado, com o Plano de Metas ("cinquenta anos em cinco"), do governo Juscelino Kubitschek, que tentou impulsionar a indústria de base, transporte, educação e energia. No que diz respeito ao regime militar, no Brasil, alguns elementos permitiram falar de planejamento.[180] É o que diz Renato Peixoto Dagnino.[181] Todavia, esses planos formulados e implementados a partir de 1964 (o Plano de Integração Nacional – PIN, o Programa de Metas e Bases para a Ação do Governo e os Planos Nacionais de Desenvolvimento I, II e III) tiveram a constante característica do autoritarismo, da centralização.

Após vários anos de degradação da infraestrutura e negligência na qualidade dos serviços, surgem indícios de que o Brasil está, enfim, descobrindo a importância de se trabalhar com o planejamento econômico.

A obra de Andréa Fabri, *Planejamento econômico e mercado*,[182] que é tese de doutoramento em Direito Econômico

---

[180] Nesse sentido, dentro do tema "planejamento estratégico": SILVA, Golbery Couto e. *Planejamento estratégico*. Brasília: Ed. UnB, 1981.

[181] DAGNINO, Renato Peixoto. *Planejamento estratégico governamental*. Florianópolis: Departamento de Ciências da Administração, UFSC; Brasília: CAPES, UAB, 2009.

[182] FABRI, Andréa Queiroz. *Planejamento econômico e mercado*: aproximação possível. Belo Horizonte: Fórum, 2010.

pela UFMG, desperta o leitor para um interesse singular sobre o assunto, aqui, neste ensaio, emprestado cientificamente para tratar da questão do *planejamento urbano*.

Assim, o livro traz crescimento científico porque provoca um estudo de como os direitos fundamentais podem ser tomados como orientação do agir político nos países democráticos, que procuram manter uma rota de desenvolvimento econômico voltado ao grande esforço de planejamento das economias de mercado.

O texto aproxima três áreas da ciência (a Política, o Direito e a Economia), que, no Brasil, e nos países chamados periféricos, têm fundamental importância na condução de inclusão social. Por isso, já não é mais possível aceitar que o administrador público seja desinteressado pelos assuntos econômicos a tal ponto de, a pretexto de erudição, se isolar em conjecturas e abstrações exclusivamente retóricas (banalidade das palavras, discursos cheios de clichês e de demagogias fáceis).

O que se vislumbra na pesquisa da autora é que mesmo em países de autêntica tradição liberal, como os Estados Unidos e a Inglaterra, há adoção de medidas que, muitas vezes, denotam a existência de ações planejadas para o futuro, o que pode ser exemplificado pelo *New Deal* norte-americano, de molde a minimizar os estragos causados pela quebra da Bolsa de Nova Iorque, em 1929.[183] Nesse sentido, a referida obra deixa claro que a planificação também foi utilizada, obrigatoriamente, na Europa Ocidental, devastada pela Segunda Guerra Mundial. É aí que o *planejamento* tem origem nos "*planos de urbanização*, tomando um caráter físico, o que, no século XX, assumiu uma feição de organização

---

[183] FABRI, Andréa Queiroz. *Planejamento econômico e mercado*: aproximação possível. Belo Horizonte: Fórum, 2010. p. 57.

dos recursos públicos no sentido de reconstruir economias destruídas por depressões e guerras".[184]

Após essas observações, Fabri vai apontar que a Constituição de 1937 inaugurou no Brasil a palavra "plano". Nesse contexto intervencionista, o país teve uma série de planos (ou melhor, de "planos não planejados"),[185] de planos recheados de contradições que chegaram ao ponto máximo com as políticas de congelamento de preços e confisco de ativos bancários da população.

Portanto, depreende-se do referido livro, que ora estamos a analisar, que só mesmo depois da Constituição Brasileira de 1988 é que entramos num painel que já deveria estar explorado há mais tempo: é possível e necessário o planejamento nas economias de mercado, porque o *planejamento* realmente é uma forma de intervenção estatal na atividade econômica com o objetivo de tentar promover a inclusão de todos os cidadãos na base da igualdade de direitos. E a ordem econômica só pode ser conseguida por intermédio do *planejamento* de ações destinadas ao alcance das metas preestabelecidas com a finalidade de modificar ou aprimorar a realidade do agora, a história do presente.

Tem-se, então, o *planejamento* como instrumento de querer mudar a realidade por meio de um conjunto de medidas destinadas a concretizar os objetivos constitucionais traçados, que vão desde a correção de desajustes monetários até os problemas concernentes à segurança pública, infraestrutura, saúde, educação, ciência, pesquisa, tecnologia e *política de moradia*. E o Direito Econômico tem justamente

---

[184] FABRI, Andréa Queiroz. *Planejamento econômico e mercado*: aproximação possível. Belo Horizonte: Fórum, 2010. p. 85.

[185] FABRI, Andréa Queiroz. *Planejamento econômico e mercado*: aproximação possível. Belo Horizonte: Fórum, 2010. p. 65.

a tarefa de garantir a concretização desse fundamento no contexto do mercado. O Direito Econômico assegura, portanto, o direito subjetivo de cada cidadão exigir do Estado a prestação de um tratamento *digno* por intermédio de uma política econômica constitucionalmente adotada e reconhecida. Nessa esteira, seria o direito econômico uma luta pela descolonização econômica e social dos países subdesenvolvidos.[186]

O que se lê é que, no Brasil, a elaboração do plano é preocupante porque está bastante centralizado na administração federal. Não muito se observa, no Brasil, como se deveria, o *federalismo* (ponto importante de discussão democrática). E o livro vai demonstrar que *sem* planejamento os direitos fundamentais não teriam possibilidade de concretização. Assim, a política econômica se operacionaliza por meio de um *plano* (o que o Professor Washington Albino chamou de *super-lei*)[187] que possa propiciar o cumprimento dos objetivos estatais que estão no art. 3º da Constituição Brasileira de 1988. Por isso ser pertinente a seguinte observação: o crescimento de um país deve ser medido pelo grau de implementação de direitos fundamentais.

Em outras palavras, o *plano* será o agente normativo e regulador da atividade econômica. Isso porque os excluídos têm, constitucionalmente, direito à saúde e à educação e a todos os direitos fundamentais, inclusive *moradia*. O planejamento, pois, numa concepção democrática, tenta afastar a questão "delinquente de lucro" preocupando-se com a implementação do Texto Constitucional.

---

[186] LEAL, Rosemiro Pereira. *Direito econômico*: soberania e mercado mundial. Belo Horizonte: Del Rey, 2005.

[187] SOUZA, Washington Peluso Albino de. *Direito econômico*. São Paulo: Saraiva, 1980.

Na análise que fizemos, a leitura da obra de Andréa Fabri é importante porque demonstra que os planos econômicos dos países hoje em desenvolvimento seguiram a trilha dos países desenvolvidos. A utilização desse "modelo importado", e esse "planejar" trabalhado sem as adaptações necessárias à realidade nacional "passou a ser sinônimo de retrocesso" e qualquer menção ao papel interventor do Estado era objeto de críticas, ressalta a professora.

Por fim, a referida autora aponta que os planos, hoje, se existentes, não passam de "programas de governo", com todas as marcas da pessoalidade do Executivo, e que dificilmente uma equipe governamental preserva os programas da equipe que a antecedeu, nem planeja, em regra geral, por prazo superior ao mandato executivo. Está aí, em linhas gerais, a importância do planejamento na racionalização das atividades estatais a fim de promover uma melhor distribuição de riquezas. É aí que entra a eficiente pesquisa da citada professora com sugestões que apontam a necessidade de "despolitizar" o plano e o orçamento,[188] com a possível criação de um organismo efetivo e independente, porque na politização puramente partidária do plano, os programas assistencialistas podem não durar mais que um mandato e as pessoas que dependem dos recursos dos referidos programas podem simplesmente voltar ao seu *status quo*. Outra sugestão do referido livro: muito se fala sobre orçamento participativo, mas pouco se fala em "planejamento participativo".

Portanto, o cumprimento da Constituição Econômica (art. 170, *caput*, CF/88) nos exige mais atenção à *Lei do Plano* para que haja avanços mais reconhecíveis no país,

---

[188] FABRI, Andréa Queiroz. *Planejamento econômico e mercado*: aproximação possível. Belo Horizonte: Fórum, 2010. p. 122.

que já começa a vivenciar maior importância no cenário internacional, com economia relativamente estável e "menos pobre". Tudo isso contribui para a criação de políticas econômicas e sociais.

Desta forma, o futuro do país no âmbito social é questão de planejamento. É certo que a inclusão de milhões de pessoas depende de uma série de circunstâncias. Mas alcançar a verdadeira *inclusão*, aquela que facilita e não restringe, a que autoriza a entrada na plataforma constitucional e não proíbe a entrada na *lei*, só mesmo por meio do planejamento econômico. O espaço só pode ser pensado de forma inseparável da geografia urbana e das ações do próprio homem pelo planejamento econômico.

Do ponto de vista de a *moradia* ser um setor delicado no país, pode-se dizer que está diretamente ligada à questão da negligência dos gestores públicos nas diferentes esferas da administração governativa (federal, estadual e municipal), uma negligência que já começa na esfera federal por não priorizar o acesso à moradia de maneira mais robusta (acesso ao crédito de habitação). Pode-se acreditar num "corpo mole" do planejamento governativo. O exame das condições do impacto habitacional, em linhas gerais, na história das políticas de moradia popular no Brasil, é algo absolutamente essencial, mas que sempre manteve certa linearidade (uma ausência de grandes novidades), desde a República Velha (1889-1930), período no qual o Brasil não se preocupou em ter a habitação como eixo fundamental, até o advento do Estado Novo (1937-1945), período em que o assunto começou em latência para despertar os primeiros movimentos rumo à promoção da habitação popular. Os governos podem se esforçar para enfrentar o assunto. Não adianta. O problema é grande e a mobilização ainda é tímida. Faltam mais políticas de apoio.[189] O contratempo reforça a conclusão de que seria impossível criar moradia para atender a todas as pessoas que não a possuem. Reforça também o lugar-comum segundo o qual o *planejamento urbano* ainda não é encarado como instrumento de combate aos extremos de miséria.

---

[189] Ajuda-memória: um possível esforço foi empreendido pelo governo federal, período 2002-2010, o qual buscava uma meta de construir 400 mil unidades para famílias com renda de R$1.395 a R$2.790 (seis salários mínimos à época); o desempenho foi de 93% da meta, pois apenas 373,3 mil foram construídas. Na faixa salarial de R$2.790 a R$4.650 (dez salários mínimos), o desempenho foi de 74,5%, pois apenas 149 mil unidades. Em síntese: na faixa de até três salários mínimos (meta de 400 mil unidades), o desempenho foi surpreendente, pois de 120,7%; na faixa de três a seis salários mínimos (400 mil unidades), o alcance foi de 93,3%; na faixa de seis a dez salários mínimos (meta de 200 mil), o alcance foi de 74,5% (Fonte: D'AMORIM, Sheila. *Folha de S.Paulo*, 02 mar. 2011). Em janeiro de 2011 houve um corte de 40% no "Minha Casa, Minha Vida", incluído no PAC, uma das principais vitrines políticas lançadas na campanha à sucessão do executivo federal com a Presidente Dilma Rousseff. O problema é que em toda campanha à sucessão há um trabalho hercúleo para anabolizar as estatísticas de fim de gestão, e, para tanto, o "Governo Lula", ao turbinar a linha do programa (que depende 100% de dinheiro público), fechou o mandato com projetos que somaram 20% a mais, uma vez que o plano era construir 400 mil unidades para famílias com renda de até R$1.395, faixa salarial equivalente a três salários mínimos, um referencial à época da criação do programa, e o programa fechou com 482,7 mil imóveis. A consequência imediata foi a herança que a presidenta eleita recebeu: R$9,5 bilhões, o que levou o programa a consumir da Administração Governativa R$1,1 bilhão somente no primeiro mês de governo (janeiro de 2011), algo próximo a 70% do gasto no ano de 2010, ano decisivo nas eleições presidenciais, para acertar compromissos acertados no governo Lula. Na segunda edição do programa, em maio de 2011, por meio de medida provisória, o governo decidiu endurecer as regras do "Minha Casa, Minha Vida". Assim, as pessoas que receberam o benefício só poderiam vender os imóveis com a dívida quitada e sem o desconto do subsídio (a regra vale para famílias com renda de até R$1.395). Mais regras: possibilidade de atuação em áreas de desapropriação ou assentamentos precários e construção dos empreendimentos em áreas de favela.

Um planejamento governamental discutido, construído e compartilhado por parte do governo permite à sociedade uma orientação mais democrática sobre o programa de *moradia*, algo importante por demais para ser de agenda exclusiva de técnicos e funcionários de alto escalão do governo.

Preocupado com o espaço público aberto e integrado e com o *povo* como principal referência, o professor da FAU-UFRJ, Sérgio Magalhães, discute o autoritarismo dessa modernização impulsionada pela especulação imobiliária, a qual interfere e altera significativamente a integração intersocial. Referido arquiteto elabora importante reflexão sobre a necessidade de "manter público o espaço urbano, garantir o seu uso por todos e para todos" (princípio da *urbanicidade*),[190] além de deixar claro que foi "o povo que construiu as cidades, do jeito que pôde". Em consequência, define que "construir *cidade* não se resume a construir *casas*. A cidade de hoje não existe sem infraestrutura, ruas pavimentadas, transporte coletivo, escolas, hospitais e praças (...) passou o tempo em que era possível construir as cidades a partir do esforço privado".[191]

Ao lado dessas reflexões, acrescentem-se outras: "por qual motivo as políticas de moradia não contemplam a família como núcleo das decisões? Por que não lhe garantem o crédito para que possa escolher onde e como morar? Por que os empresários não são chamados a empreender moradias?"[192] Tais abordagens são úteis, portanto, por

---

[190] MAGALHÃES, Sérgio. *Sobre a cidade*: habitação e democracia no Rio de Janeiro. São Paulo: Pro Editores, 2002. p. 32.
[191] MAGALHÃES, Sérgio. *Sobre a cidade*: habitação e democracia no Rio de Janeiro. São Paulo: Pro Editores, 2002. p. 41.
[192] MAGALHÃES, Sérgio. Modelo não inclui o morador como protagonista. *Folha de S.Paulo*, 19 fev. 2011. Caderno Mercado. Análise.

diversas razões. Entre elas, a isto se chega: "quando o BNH atuou, o crédito foi dirigido a quem produzia o imóvel, o que fez com que a família só pudesse aderir ao financiamento já equacionado, se, opção para a produção por caminhos próprios ou para a escolha do local e da tipologia. De fato, o crédito esteve cartelizado".[193] Ainda de acordo com o referido autor, "hoje, com o sistema de cartas de crédito, estamos avançando rumo à democratização do *acesso à moradia*".[194]

> (...) os empresários aparecem como empreiteiros: constroem, mas não empreendem. Tampouco as famílias participam do processo, senão para morar. Onde? Como? Em que condições? Do modo como os governos decidiram. Esse modelo tem sido ineficiente. Deteve o monopólio do escasso financiamento da habitação popular e produziu nem 20% das moradias. Isto é, as ações promovidas por governos (federal, estaduais e municipais), institutos, BNH, Caixa e bancos somam menos de 10 milhões dos 60 milhões de domicílios construídos no período (...). Se houver outros modelos, nossas cidades serão melhores. Evitaremos conjuntos residenciais gigantescos, mal localizados, mal construídos, impostos como única alternativa à favelização. Precisamos da diversidade espacial, tipológica, construtiva. Nossas cidades não podem continuar se expandindo sem infraestrutura e serviços. Mas podem aproveitar os vazios urbanos, as áreas da desindustrialização, conectar-se às linhas de transporte — adensar-se, enfim.[195]

---

[193] MAGALHÃES, Sérgio. *Sobre a cidade*: habitação e democracia no Rio de Janeiro. São Paulo: Pro Editores, 2002. p. 43.
[194] MAGALHÃES, Sérgio. *Sobre a cidade*: habitação e democracia no Rio de Janeiro. São Paulo: Pro Editores, 2002. p. 93.
[195] MAGALHÃES, Sérgio. Modelo não inclui o morador como protagonista. *Folha de S.Paulo*, 19 fev. 2011. Caderno Mercado. Análise.

Em tudo isso, o importante para o nosso ensaio é que "morar livre" (morar sem planejamento) é impactado por um "morar racionalizado" (estruturado, planejado). Com projetos de urbanização tem-se tratamento dos esgotos, economia e saúde, o que leva a preservação do meio ambiente e o aumento da qualidade de vida dos cidadãos. Estendendo-se um pouco mais, as soluções residenciais devem ter ofertas múltiplas, inclusive ambiental e de recreação. Por isso, que nesse seguimento, têm que se falar inclusive em construção de espaços verdes em conjunto com quadras poliesportivas e praças, enfim um *direito ao lazer* (art. 6º, *caput*, art. 7º, art. 193, art. 215, art. 225 e art. 217, §3º da CF/88) conectado à sadia qualidade de vida (art. 225, CF/88).

Ressalta-se, por fim, que em planejamento de cidades, na atualidade, a produção de um sistema de habitação mais acessível às pessoas de baixa renda poderia ser apresentado com a utilização de novas matérias-primas, os chamados materiais "verdes" (madeiras de reflorestamento que substituem o tijolo e o cimento da construção tradicional) produzidos a partir do conceito de sustentabilidade, que podem reduzir preços e o tempo das obras. Eis um ponto importante que pode ser extraído das conjecturas de Magalhães. Ainda é com esse caráter que para atender as necessidades básicas de um país, projetos habitacionais populares da administração pública poderiam se preocupar mais com a *questão ambiental* priorizando a instalação de aquecedores solares e fossas sépticas como estrutura complementar e necessária às moradias.

CAPÍTULO 5

ELEMENTOS DE TEORIA GERAL DO FEDERALISMO E REPARTIÇÃO DE COMPETÊNCIAS

Delimitação do tema

Sabe-se que a administração governativa tem o dever de organizar, reorganizar, orientar, fiscalizar, restringir, rediscutir paradigmas e parâmetros no desenvolvimento dos espaços habitáveis por meio de planejamento urbano. Na reflexão dos desafios enfrentados para tais finalidades, torna-se imprescindível a compreensão de *federalismo* e *repartição de competências*, em especial a competência concorrente, a qual é de extrema importância em sede de *direito urbanístico*, uma vez que a Constituição de 1988 foi pioneira no uso de referida expressão, que ganhou relevo nos últimos anos com o Estatuto da Cidade (Lei nº 10.257/01), e que é imprescindível para atender à compreensão da *função social da propriedade* (art. 5º, inciso XXIII, CF/88, e art. 182, §4º, do mesmo texto), uma vez que a *propriedade* sofre limitações pelos métodos e foco de transformações urbanísticas.

Devido às exigências de realidade jurídico-político-democrática (art. 1º, CF/88), o *federalismo* reparte a administração em unidades políticas menores buscando um equilíbrio, a fim de evitar a concentração de funções no recinto do Governo Federal.

Sociedades político-democráticas e federalismo

Conforta-nos bastante o fato de o federalismo ter partido de um ponto de vista diametralmente oposto à teoria da *monarquia absoluta*, pela qual era impossível a repartição de competências, eixo central da proposta federalista.

Saliente-se que nas sociedades político-democráticas modernas, quando se fala em administração governativa, alude-se a um estudo redimensionado sobre a importância de se reestruturar o federalismo pela ótica da teoria da democracia. Nessa linha, percebe-se, então, que as formas de organização territorial mudaram muito, a ponto de o constitucionalista José Luiz Quadros de Magalhães[196] afirmar que a tradicional classificação de formas de Estado em unitário e federal já se apresenta absolutamente superada. Acontece que como forma de ganhar em agilidade, eficiência e respeito à diversidade cultural, os diversos Estados apontam soluções mais complexas e ricas de organização. É o caso da Bélgica, por exemplo, considerada referência na linha de estudos em teoria do federalismo, por sua curiosa diversidade cultural em apresentar a união de dois povos (valões e flamengos), e, por consequência, ser portadora

---

[196] MAGALHÃES, José Luiz Quadros. *Pacto federativo*. Belo Horizonte: Mandamentos, 2000. p. 14.

de um federalismo construído a fim de implementar uma aceitação das diferenças. Daí a inovação por meio de um federalismo *sui generis*, de extrema complexidade, no qual o território foi dividido em regiões linguísticas como a Região Valônica (povos de língua alemã e francesa), a Flamenga (língua holandesa) e a Região bilíngue de Bruxelas, Capital.

Formas de Estado: algumas características

De início, cabe dizer que o estudo do federalismo implica incursões conceituais em torno do Estado Unitário centralizado (praticamente superado no mundo) e a sua atual formação com características de descentralização, cada vez mais acentuada, como é o exemplo do Estado Francês (Estado Unitário descentralizado), que é um produto de várias experiências.

Nessa linha, como bem explica Eriberto Marin,[197] a descentralização praticada no Estado Unitário Francês (anterior à chegada da Esquerda Francesa) era apenas administrativa, e as coletividades locais (departamentos, regiões e Municípios) ficavam indexadas ao poder central francês. A descentralização era apenas teórica. Foi a partir de 1982, com uma proposta de autogestão (implementação da democracia com a efetiva participação da população) preocupada com as especificidades regionais e o respeito ao pluralismo representado pelas inúmeras etnias e culturas locais e regionais é que houve o aperfeiçoamento de uma descentralização capaz de dotar os Municípios, departamentos e regiões, com competências próprias, a fim

---

[197] MARIN, Eriberto. Breves considerações sobre a organização política e territorial do Estado francês. *In*: MAGALHÃES, José Luiz Quadros de (Coord.). *Pacto federativo*. Belo Horizonte: Mandamentos, 2000. p. 181-228.

de reconhecer uma autoadministração. Todavia, ainda há limites a essa livre administração.

Lado outro, tem-se a configuração do chamado Estado Regional, que é rotulado como um meio termo entre o Estado Unitário e o Estado Federal. Apesar de a Constituição italiana dizer que a Itália é um Estado Unitário, as transformações pelas quais passou e ainda passa esse país fazem com que estudiosos classifiquem o seu federalismo como o de um Estado altamente regional, composto por regiões, províncias e comunas. Conforme anota a pesquisadora Ana Luíza Duarte Wernek,[198] as regiões (mais ou menos com 1 milhão de habitantes) são autonômicas e produzem os seus próprios estatutos, que devem ser aprovados pelo Parlamento Nacional. Na pesquisa da autora, as províncias, a partir da década de 80, tiveram suas tarefas reforçadas a fim de legislar e organizar assuntos como transporte, turismo e agricultura. Por fim, as comunas (com população entre 3 mil e 500 mil habitantes) foram dotadas de competência para legislar sobre polícia local e licença para o comércio. Em todos esses casos, apesar de uma aparente descentralização, esses estatutos devem passar pelo crivo do Parlamento Nacional Italiano.

O que é mais significativo no estudo do federalismo é que essas características mudam de Estado para Estado. Assim, o Estado Autonômico Espanhol, segundo Adriana Belli de Souza Alves,[199] teve grande impulso com a Constituição Espanhola de 1978, a qual permitiu a iniciativa de

---

[198] WERNECK, Ana Luíza Duarte. O Estado regional italiano. *In*: MAGALHÃES, José Luiz Quadros de (Coord.). *Pacto federativo*. Belo Horizonte: Mandamentos, 2000. p. 157-177.

[199] COSTA, Adriana Belli de Souza Alves. O Estado autonômico da Espanha. *In*: MAGALHÃES, José Luiz Quadros de (Coord.). *Pacto federativo*. Belo Horizonte: Mandamentos, 2000. p. 157-177.

constituir regiões autonômicas e que seus respectivos estatutos fossem produzidos por cada província, desde que aprovados por assembleia regional e ratificado pelo Parlamento espanhol.

Estado Federal Brasileiro: características

Cabe, nesse momento, tecer alguns comentários acerca das características do Estado Federal Brasileiro. O tema é tratado por várias obras e o que se pode apreender é que o modelo de Estado Federal, por sua vez, não apresenta um modelo único. É variado e complexo. Tem-se exaltado a presteza desse modelo federativo que, historicamente, surgiu da ideia de democracia libertária, em especial com a Constituição norte-americana (federalismo por agregação). Várias classificações são utilizadas no estudo do Estado Federal como, por exemplo, a existência de modelos centrípeto, centrífugo, dois níveis, três níveis, simétrico e assimétrico.

O Brasil assume a forma federativa com a Proclamação da República em 1889, com uma matriz unitária e centralizadora. Apesar de receber o nome de República Federativa do Brasil, de forma explícita não havia, à época, uma genuína organização federativa. Com efeito, o reconhecimento normativo veio com a Constituição de 1891, a qual afirmava, em seu art. 1º, que a "nação brasileira era constituída pela união indissolúvel de suas antigas províncias, em Estados Unidos do Brasil", iniciando, desta forma, um federalismo por segregação.

Entretanto, a anomalia existiu de forma acentuada no período da Constituição de 1967/69 (federalismo assimétrico), quando senadores e prefeitos não eram totalmente eleitos pelo povo. Além disso, percebe-se na pesquisa de

Mário Lúcio Quintão Soares[200] que o regime militar brasileiro concentrou a maior parte de competências legislativas e tributárias, instaurando um *federalismo centrípeto* e aniquilando com os três pressupostos básicos do federalismo: o autogoverno, a autonomia da administração e a auto-organização de cada unidade federativa.

Foi somente com a Constituição de 1988, de forma mais nítida, que esse modelo *centrípeto* (centralizador) foi quebrado por um modelo *centrífugo* (descentralizador) e de três níveis (União, Estados, Municípios). Assim, o Município adquiriu autonomia constitucional, sendo atribuídas a ele receitas próprias.

No mais, é evidente que o modelo brasileiro requer maior descentralização, uma vez que ainda há uma grande concentração de assuntos no âmbito da União. Para tanto, basta ler a distribuição de competências legislativas e administrativas nos arts. 21 a 24 da Constituição Brasileira de 1988.

O Estado-membro e a questão da autonomia na organização federal

Como se sabe, é comum encontrar entre os autores que os Estados-membros possuem autonomia. Mas o que significa isso realmente? A imprecisão do termo foi detectada por Raul Machado Horta,[201] que, ao pesquisar diversos autores, mostra os embaraços que a terminologia apresenta. Com efeito, dispõe a doutrina, em especial a italiana, que autonomia compreende a autolegislação, quer dizer, a

---

[200] SOARES, Mário Lúcio Quintão. *Teoria do Estado*. Belo Horizonte: Del Rey, 2001. p. 462-463.

[201] HORTA, Raul Machado. *Direito constitucional*. Belo Horizonte: Del Rey, 1999. p. 371-374.

autonomia de criar normas relativas à própria organização. Como relatou Raul Machado Horta "a autonomia é, portanto, a revelação de capacidade para expedir as normas que organizam, preenchem e desenvolvem o ordenamento jurídico dos entes públicos".[202]

Embora os teóricos falem em autonomia, é bom lembrar que a Constituição Brasileira de 1891 falava em Estados-membros soberanos, copiando uma tendência norte-americana. O momento inicial dessa ideia de conferir soberania aos Estados-membros deu-se à época do Governo Provisório de Deodoro da Fonseca (1889-1891), em que houve algumas medidas para consolidar a República como, por exemplo, o banimento da Família Imperial, a laicização do Estado, a convocação do Congresso Constituinte e um momento de suma importância para o federalismo: antigas províncias passaram a se constituir Estados da Federação.

Nota-se que o Decreto nº 1, de 15 de novembro de 1889, influenciou as Províncias do Império a se transformarem em Estados, dando-lhes uma excessiva dose de soberania, principalmente para criar as suas Constituições.

Na verdade, essa euforia revolucionária durou pouco, pois com o surgimento do Decreto nº 7, em dezembro do mesmo ano, a ideia de soberania foi enfraquecida pelas intervenções do poder federal. A soberania do Estado-membro ressurgiria no Congresso Constituinte pelas ideias de Campos Salles, Bernardino de Campos e José Higino. Está-se vendo que a soberania tratada pela Constituição Brasileira de 1891, no que diz respeito aos Estados-membros, era um termo equivocado, diferente, portanto, da posição que se defende neste livro.

---

[202] HORTA, Raul Machado. *Direito constitucional*. Belo Horizonte: Del Rey, 1999. p. 374.

Observa-se que o receio de dar maiores atribuições aos Estados-membros se faz presente na história. Aliás, esse é um ranço que advém de uma herança de concentração de funções, cuja extirpação é reclamada na contemporaneidade.

O Município na estrutura federativa brasileira

O papel do Município, no federalismo brasileiro, é, portanto, muito bem enfatizado por José Luiz Quadros de Magalhães,[203] o qual se preocupa em valorizar a administração governativa em um espaço territorial menor. A esse propósito, muito se discute a respeito de o Município integrar ou não a estrutura federativa (até o momento há 5.564 Municípios no Brasil). Para nós, não há dúvidas de que o Município é *unidade federada*, integrante da estrutura federativa, algo confirmado pela vigente Constituição Federal, nos arts. 1º, 18, 30 e 34, inciso VII, "c".

Note-se que o Município ainda recebeu o reconhecimento da Constituição Federal para elaborar a sua própria *lei orgânica* (art. 29), votada e promulgada pela Câmara Municipal, o que, para nós, é uma Constituição Municipal, ainda que não tenha recebido esse nome (Constituição). Ao se falar em Município como unidade federada, há necessidade de registrar opiniões contrárias a este entendimento, como as de José Nilo de Castro[204] e José Afonso da Silva.[205]

---

[203] MAGALHÃES, José Luiz Quadros de. *O poder municipal*: paradigmas para o Estado constitucional brasileiro. Belo Horizonte: Del Rey, 1999.
[204] CASTRO, José Nilo de. *Direito municipal*. Belo Horizonte: Del Rey, 1996.
[205] SILVA, José Afonso da. *Curso de direito constitucional positivo*. São Paulo: Malheiros, 1999. p. 621.

Repartição de competências: primeiras delimitações

O modelo de Estado Federal Brasileiro adotou formas de divisão do espaço territorial em unidades administrativas (União, Estado, Município e Distrito Federal), dotadas de organização e governo próprios. O espaço federativo supõe, assim, desde a mais remota reflexão sobre federalismo, promover o equilíbrio da equação encargos/rendas, mediante uma repartição de competências e técnicas tributárias que assegurem às entidades federadas recursos suficientes para o desempenho de suas tarefas. Como o federalismo é uma composição geopolítica, não isolacionista, criaram-se na repartição dessas competências algumas técnicas regulatórias entre as unidades federativas como meios seletivos de ordem prática que servem de diretivas que incumbem cada ente federado de determinada tarefa. Assim, por obviedade, a União administra os interesses nacionais, os Estados-membros os interesses regionais, e, por fim, os Municípios se responsabilizam em administrar os *interesses locais*. Essas e outras iniciativas de aproximação entre unidades federadas têm assumido contornos bem distintos, e, por isso, há existências de técnicas variadas. Dessa forma, há países que adotam uma exclusão absoluta de assuntos, enumerando quais são de responsabilidade da União, deixando para os Estados-membros todos os demais assuntos não atribuídos à autoridade federal, como também há Estados que possibilitam à administração central requerer a participação dos outros componentes por delegação, ou até mesmo, por meio de uma cooperação (federalismo cooperativo), na qual uma mesma matéria é atribuída concorrentemente a todos os entes federativos.

O Brasil, porém, passou por todas essas técnicas de repartição de competências, e foi no período das Constituições de 1824/1891 que se materializou o federalismo clássico dos EUA, com competências enumeradas à União, deixando para os Estados as remanescentes. Situação distinta foi observada em 1934, quando a Constituição Brasileira (inspirada na Constituição Alemã de Weimar) trabalhou com competências *concorrentes*, o que vale dizer que a União fixava normas gerais sobre certas matérias e os Estados-membros se encarregavam da legislação complementar. À exceção do Texto de 1937, que teve caráter mais centralizador, essa característica manteve-se na Constituição de 1946, estendendo-se até o período de 1967/1969. Por fim, a Constituição de 1988 adotou um modelo de combinação de praticamente tudo o que já se experimentou na prática federativa. Aliás, a Professora Fernanda Dias Menezes de Almeida[206] adianta-se em estudo especializado sobre repartição de competências na Constituição de 1988, ao dizer que o constituinte montou um esquema com conteúdos técnico-regulatórios complexos, em que coexistem *competências privativas* (que se referem a que cada um deve fazer) e *legislativas* (que definem sobre o que cada um deve legislar) com repartição de *competências legislativas concorrentes* (art. 24, CF/88), que determina que o Governo Federal faça as normas gerais, e os Estados-membros, as suplementares, abrindo-se possibilidade de delegação da administração central para outras unidades federadas.

---

[206] ALMEIDA, Fernanda Dias Menezes de. *Competências na Constituição de 1988*. São Paulo: Atlas, 2000.

Competência da União

O Título III da Constituição de 1988, ao cuidar da organização do Estado, impõe técnicas de repartição de competências entre União, Estados e Municípios especificamente nos arts. 21 a 24 e art. 30. Contemplou-se, no art. 21 da Constituição Federal (competências materiais, também chamadas administrativas), uma série de assuntos considerados necessários para viabilizar a administração do país, na seara da União. Desta forma, assuntos (matérias) relativos ao planejamento e à promoção da defesa permanente contra calamidades públicas, especialmente secas e inundações (art. 21, XVIII), bem como as diretrizes para o *desenvolvimento urbano como habitação, saneamento básico e transportes urbanos*, dizem respeito às diretrizes, objetivos e metas da administração pública federal.

É relevante notar que essas metas governamentais de cunho político-econômico-administrativo se dão mediante ação conjugada entre as funções do Executivo e do Legislativo. Afinal, para materializar todas essas prioridades e programas governamentais, há a necessidade de o Legislativo traçar diretrizes normativas a respeito de todo esse planejamento geral expresso no art. 21. Seria grave se tal omissão ocorresse. Assim, o art. 22, especificamente, institui um elenco de normas que cabe à União legislar (competência privativa), e, logo mais, no parágrafo único, apresenta a possibilidade de existir delegação de competência legislativa, privativa da União aos Estados-membros. É faculdade aberta ao legislador federal, que, se quiser, poderá fazer uso por meio de lei complementar.

Merece, nessa oportunidade, singular importância a análise das terminologias utilizadas nesses artigos, pois um estudo realizado em mais de uma obra detectará os mais variados entendimentos a respeito do mesmo tema (competência exclusiva e privativa). É o que se depreende do estudo desenvolvido por José Afonso da Silva,[207] que leva em consideração a distinção entre competência exclusiva e privativa pela possibilidade de delegação de uma, em detrimento da outra. Assim, para o constitucionalista, "a diferença que se faz entre competência exclusiva e competência privativa é que aquela é indelegável e esta é delegável. Então, quando se quer atribuir competência própria a uma entidade ou a um órgão com possibilidade de delegação de tudo ou em parte, declara-se que compete privativamente a ele a matéria indicada. Assim, no artigo 22 se deu Competência privativa (não-exclusiva) à União para legislar (...), porque o parágrafo único faculta à lei complementar autorizar aos estados a legislar sobre questões específicas das matérias relacionadas nesse artigo. No artigo 49, é indicada a competência exclusiva do Congresso nacional. O artigo 84 arrola a matéria de competência privativa do Presidente da República, porque o seu parágrafo único permite delegar algumas atribuições ali arroladas".

Mais à frente, nessa mesma passagem supratranscrita, o próprio José Afonso da Silva reconhece a contradição da sua tentativa de diferenciação, uma vez que os arts. 51 e 52 falam de competência privativa com atribuições indelegáveis. Assim, para evitar distorções entre classificações registradas por alguns autores é que se pretende esclarecer que a causa de adotarmos, indistintamente, ambos os termos apoia-se nas opiniões de Fernanda Dias Menezes,[208] Manoel Gonçalves Ferreira Filho[209] e Celso Ribeiro Bastos.[210]

---

[207] SILVA, José Afonso da. *Curso de direito constitucional positivo*. São Paulo: Malheiros, 1999. p. 480, n. 5.
[208] ALMEIDA, Fernanda Dias Menezes de. *Competências na Constituição de 1988*. São Paulo: Atlas, 2000. p. 80.

Competência do Estado-membro

O que é de ressaltar nos compromissos estaduais, é que a Constituição Brasileira projeta um quadro de como deve ocorrer a integração entre as unidades federadas, recomendando que algumas competências sejam exercidas conjuntamente. São regras que deverão constituir preocupação comum nos três níveis de governo (competência concorrente — art. 23), como é o caso do combate às causas da pobreza e os fatores de marginalização, promovendo a integração social dos desfavorecidos (inciso X) e a promoção de programas de *construção de moradias e a melhoria das condições habitacionais e de saneamento básico* (inciso IX). E aqui cabe uma explicação: Rafael Augusto Silva Domingues, ao enfrentar o termo "concorrente", explica que não significa "que haja concorrência entre os entes federativos, no sentido de que sobre uma mesma matéria haja competição ou conflito entre eles". A bem dizer, na acertada leitura do autor, é que, "na verdade, o termo revela que há uma soma de atribuições diferenciadas sobre o mesmo assunto".[211]

Observe-se que há uma necessidade de a Constituição possibilitar aos Estados e ao Distrito Federal a materialização dos assuntos referidos no art. 23. Eis por que surge o art. 24, com a chamada competência legislativa concorrente, na qual Estados e Distrito Federal devem legislar concorrentemente sobre vários assuntos (art. 24, inciso VI). Para

---

[209] FERREIRA FILHO, Manoel Gonçalves. *Comentários à Constituição brasileira*. São Paulo: Saraiva, 1983. p. 224.

[210] BASTOS, Celso Ribeiro. *Curso de direito constitucional*. São Paulo: Saraiva, 2001. p. 305-308.

[211] DOMINGUES, Rafael Augusto Silva. *A competência dos Estados-membros no direito urbanístico*: limites da autonomia municipal. Belo Horizonte: Fórum, 2010. p. 103.

isso, as linhas gerais devem ser estabelecidas pelo legislativo da União, competindo aos Estados e ao Distrito Federal suprimirem as possíveis lacunas existentes por meio da competência suplementar. A competência complementar (detalhamento dos assuntos gerais a serem aplicados) e a suplementar (usada quando da ausência de norma) estão asseguradas no art. 24, §§2º e 3º, da Constituição. Vale lembrar que nessas regras jurídicas do art. 24 (competência legislativa concorrente), embora não haja indicação dos Municípios, não ficaram eles de fora, porque o inciso II, do art. 30, reconhece a competência dos Municípios, a fim de *suplementar* à legislação federal e à estadual, no que couber.

Rafael Augusto Silva Domingues, com apoio em José Afonso da Silva,[212] ao refletir sobre os *planos urbanísticos especiais* (planos destinados a setores especiais como áreas de interesse turístico, vias de comunicação, saneamento básico de relevância supranacional), afirma que, nesses casos, "os Estados-membros podem atuar direta e concretamente de maneira intraurbana".[213]

Competência do Município

Pela Constituição Federal está visto que a função social da *cidade* deve ser pensada junto a um *plano urbanístico*, de responsabilidade dos Municípios, a fim de atender o *desenvolvimento urbano* (art. 182, CF/88), na figura do instrumento básico da *política urbana* que é o *plano diretor*,

---

[212] SILVA, José Afonso da. *Direito urbanístico brasileiro*. São Paulo: Malheiros, 2000. p. 129.

[213] DOMINGUES, Rafael Augusto Silva. *A competência dos Estados-membros no direito urbanístico*: limites da autonomia municipal. Belo Horizonte: Fórum, 2010. p. 143.

o qual se encontra disciplinado no *Estatuto da Cidade* (Lei nº 10.257/01).

O que é de inovador no federalismo brasileiro é que o constituinte de 1988 se preocupou em valorizar a administração governativa em um espaço territorial menor, reconhecendo o Município como integrante da estrutura federativa. O que tem dificultado, a nosso sentir, a elucidação, às vezes, do que compete ao Município, é que o constituinte englobou num mesmo artigo (art. 30) as competências legislativas e materiais, abandonando a técnica utilizada no art. 21 referente à União. Desde que essa técnica foi desprezada, abriu-se-nos um vasto panorama sobre a operacionalidade efetiva do Município. É aí que sobrevém, com acuidade, a pergunta: o que é *interesse local*?

Tamanha é a incerteza entre os escritores, que essa é ainda uma questão tormentosa no Judiciário. Esse vácuo ocasionado aos Municípios deve ser ocupado por diversos fatores, entre eles o de saber que nem todos os Municípios são idênticos. Nesse episódio, existem Municípios integrantes de área metropolitana, outros com características rurais e alguns com características urbanas. Entendemos que essa possa ser a primeira referência para orientar o preenchimento da expressão *interesse local*. A par dessa, ressalte-se que um trabalho de identificar uma a uma as competências legislativas federais e estaduais também merece atenção. Dizer, por outro lado, que os Municípios devem assumir sozinhos algumas prestações públicas tão somente porque é de interesse local também é arriscado. O fornecimento de medicamentos seria um bom exemplo disso.

O que também tem dificultado, no nosso entendimento, o esclarecimento das competências do Município é o ceticismo do Judiciário relativo à legislação dessa unidade federada em regulamentar interesses e peculiaridades da localidade. Chega-se a isso pelo que se vê de algumas decisões que passam pela confirmação da prevalência dos interesses do Estado sobre o Município, como no caso de leis municipais que são produzidas com o fim de controle da poluição. Já está patente a necessidade de o Município, em matéria ambiental, regular assuntos relativos ao combate da poluição em qualquer de suas formas, mas, ao arrimo desse entendimento, alguns tribunais têm decidido de forma contrária.[214] A Constituição Federal (art. 23) atribuiu a possibilidade de a União, os Estados, o Distrito Federal e os Municípios legislarem sobre assuntos correlatos, sendo que a União ficaria responsável pela edição de normas gerais. Como a matéria "meio ambiente" é um assunto correlato, e o Município é o que está mais próximo das peculiaridades locais, não há dúvidas de que o Município está autorizado a legislar sobre conteúdos que supram a ausência ou as possíveis omissões detectáveis.

Por outro lado, os Municípios apresentam problemas crônicos como, por exemplo, o relacionado à *regularização fundiária* em assentamentos urbanos irregulares. Mais uma vez insistimos que cabe ao Município, sob pena de omissão, dentro de sua competência constitucional, atendendo a suas características, organizar e prestar, diretamente ou sob regime de concessão ou permissão, os serviços públicos de *interesse local*, bem como promover, *no que couber*, adequado ordenamento territorial, mediante planejamento e controle do uso, do parcelamento e da ocupação do solo urbano (art. 30, VIII, CF/88).

---

[214] Cf. Tribunal de Justiça de São Paulo – Ação Direta de Inconstitucionalidade nº 17.920 – 23.11.94 – São Paulo – Relator: Rena Lotufo.

Últimas e penúltimas palavras

Neste tópico, procuramos compreender o federalismo e a repartição de competências como causas para explicar, ou pelo menos para avaliar corretamente, quem tem que resolver os problemas ligados às *cidades*. É necessário insistir que o assunto é árido. Dificilmente seria possível esgotar um tema como este numa pesquisa que não tem a especificidade de enfrentar tão somente a repartição de competências.

Ademais, como muitos autores utilizam de conceitos e rótulos diversos para explicar o assunto, é preciso usar os conceitos mais conhecidos e deixar as idiossincrasias de lado. Do contrário, corre-se o risco de apenas oferecer uma lista verborrágica, de variáveis isoladas. É imprescindível uma síntese do funcionamento do assunto, um comportamento geral, uma descrição aproximada. Isso ajuda a ter uma breve noção, mas é certo de que está longe de uma bibliografia completa. Tudo considerado, por partes:

1. Os problemas existem por todos os lados e mudam com o tempo e o lugar. Isso ajudaria a entender que a ideia de descompassos sociais não existe somente no âmbito da União, nem ao menos nos Estados-membros. Isso é igualmente relativo. A abordagem dos problemas sociais graves em grande parte é encontrada nos Municípios, isso para não mencionar que de forma mais intensa (*direito à moradia urbana adequada, ocupação irregular, parcelamento do solo, crise urbana, aspectos da pobreza ligados à urbanização, política urbana e acesso por meio de regularização fundiária*). Além do que ninguém "mora" na União ou no Estado-membro, mas sim nos Municípios. Por isso que aquilo que for predominantemente de *interesse local* vai realmente fazer óbice para os Estados-membros em sede de repartição de competências.

2. Certas definições e conclusões são interessantes, como a de Rafael Domingues, em livro específico que debate a repartição de competências dos Estados-membros em *Direito Urbanístico*, embora outros entes federados também sejam analisados, como o papel do Município na estrutura federativa. Em regra, em se tratando de *planejamento urbano*, os Municípios, respeitadas apenas as *normas gerais*, não precisam observar nenhuma legislação estadual na elaboração de *plano diretor*, porquanto se trata de matéria ligada à política de desenvolvimento urbano (art. 182),[215] exceções, claro, quando se tratar de regiões metropolitanas, assunto que é de competência dos Estados-membros (art. 25, §3º, CF/88).

3. Lado outro, os Estados-membros, no exercício da competência relativa às *matérias urbanísticas*, "devem respeitar tanto as *normas gerais* editadas pela União como as *normas específicas* aprovadas pelos Municípios. Compete aos Estados-membros suplementar a legislação federal e a municipal, acaso inexistentes".[216]

---

[215] DOMINGUES, Rafael Augusto Silva. *A competência dos Estados-membros no direito urbanístico*. Belo Horizonte: Fórum, 2010. p. 140.

[216] DOMINGUES, Rafael Augusto Silva. *A competência dos Estados-membros no direito urbanístico*. Belo Horizonte: Fórum, 2010. p. 156.

NOTAS FINAIS

Foi muito dito, com destaque para a relação homem/espaço, que a cidade é um *ethos* que estabelece relações descontínuas com o projeto de Constituição Federal, pois há graves desvios de padrão. Assegurar a *inclusão do outro* na plataforma constitucional é tudo, bloqueio a isso é apêndice. Dúvida não há sobre a importância de se falar em *urbanismo*, que simplificadamente pode ser visto como a relação do homem com os espaços da cidade. Isto levanta, além do mais, intervenções humano-regulatórias nos espaços habitados a fim de multiplicar a qualidade da vida urbana por intermédio de planejamentos (direito urbanístico). Os autênticos problemas não podem, contudo, serem resolvidos apenas com a *retórica* de que é preciso urbanizar. Isso não diminui, por si só, o tamanho do abismo que a classe pobre precisa subir. Medindo a realidade segregada, precisamos ver o homem inserido nas relações sociais, e, para tanto, é necessário ter consciência de que *espaço urbano* não pode ser visto como aglomerado de pessoas, tão somente. Aplicar a proposta da *Carta de Atenas*, que foi produzida no Congresso Internacional de Arquitetura (CIAM), a partir de uma concepção do arquiteto francês Le Corbusier, com seus pontos de apoio nas funções sociais da cidade em "habitar", "trabalhar", "circular" e opções de "lazer" como modalidades de inclusão e organização do *espaço*, é algo importante, mas é preciso mais. Nesse horizonte de cogitações, para não pensar a urbanização apenas construída na *órbita da imagem*, do *dimensionável* (miniaturas de projetos arquitetônicos, cenográficos, ou de engenharia, espaços coloridos que mexem com o imaginário da população), há necessidade de o espaço de configuração democrático-constitucional ser levado para o espaço urbano e entender que o Estado somente poderá agir dentro de uma estrutura de inclusão construída por *planejamentos econômicos* (os direitos fundamentais construindo a sociedade), para, aí sim, dar à *cidade* um espaço demarcado na plataforma constitucional.

O problema é que nesses dias tumultuados do mundo contemporâneo, extraem-se profundas mudanças em razão de *redes* de dimensão planetária, a exemplo do capital financeiro, que opera como núcleo decisório e enxerga os imóveis como ativos de investimento, jamais como bens sociais. Assim, o setor da construção civil, que está entre os maiores doadores de campanhas eleitorais nos Municípios, promove múltiplas interações entre territórios e novas formas de dimensão do espaço, sempre (é claro) com a ajuda de ocupantes de cargos públicos decididos a associar os seus mandatos a obras de extraodinária visibilidade que agraciam e satisfazem os agentes privados que viabilizaram as suas campanhas eleitorais.

O que se vê, portanto, nessa sociedade de consumo, são relações muito complexas de fragmentação dos territórios e as cidades atuais, as metrópoles, sobretudo por serem mais corporativas, são reflexo desse descompasso. Com isso a pobreza se "urbaniza" como pode. Em decorrência dessa consideração, novos circuitos urbanos aparecem instituindo uma fenda cada vez mais expressiva no âmbito da segregação residencial urbana, com as gravíssimas faltas de infraestrutura urbana e aos serviços públicos, inclusive.

É a partir dessa digressão que se dá vazão a futuras pesquisas. É claro que essa *responsabilidade* é de competência da administração governativa, em todas as esferas de governo. Portanto, a busca por construir uma sociedade preocupada em avançar na *inclusão do outro* ainda é um desafio. O que vai medir o acerto dessa implementação é a existência de *planejamento*, política econômica em nível de distribuição nacional e mecanismos de fiscalização a fim de reduzir distorções. Para erradicar a miséria e a pobreza do país há de haver uma preocupação com as consequências ambientais e sociais. Tem-se que falar ao longo dos próximos anos em integração com políticas sociais, a geração de oportunidade de trabalho e renda, além de repensar o conhecimento técnico-científico produzido no país. Isolamento e condições de trabalho precárias deixam as coisas piores. O país precisa ser nivelado e acabar com o paradoxo de possuir ao mesmo tempo uma das melhores economias do mundo e uma das piores posições no Índice de Desenvolvimento Humano (IDH). Bem verdade que PIB é tema importante na política. No entanto, hegemonia não se faz apenas com PIB (há exemplos de países com excelente economia no mundo, mas que estão muito longe de uma *democracia*).

A Administração Governativa, como agente de mudança, deve ser combativa para zerar o déficit habitacional por meio de medidas jurídico-políticas que possam fornecer mecanismos de interferência na realidade, a fim de encontrar alternativas de integração (Cf. art. 170, CF/88) e viabilizar a interrupção da exclusão social com um *plano urbano* mais equilibrado a exemplo da *regularização fundiária* (regularizar áreas ocupadas irregularmente nas cidades) e outros institutos jurídicos tais como a concessão de direito real de uso, contrato de concessão, consórcio imobiliário, parcelamento, edificação ou utilização compulsórios, IPTU progressivo no tempo, desapropriação, usucapião urbana, entre outros. De conseguinte, é necessário mais. A construção de novas moradias é ponto indispensável, bem como a reforma de prédios antigos, isto é, de edifícios ociosos em imóveis de utilidade pública que podem comportar unidades habitacionais, e não reformados num processo de transformação que inclui a expulsão de moradores dessas áreas. Acontece que firmar projetos de moradia é garantir a mistura social na cidade, mantendo pessoas de menor renda em imóveis de utilidade pública situados em áreas que sofrem com a cobiça do mercado imobiliário.

Não há dúvida que a reurbanização de favelas é outro ponto-chave. Transformá-las em bairros, com ruas niveladas e pavimentadas, com contenção geológica onde necessário, córregos canalizados, redes de água e esgoto, é o que sustenta o sucesso da *inclusão*. Torna-se difícil, de resto, deslembrar de um *planejamento* para içar das camadas mais humildes da população brasileira (que são milhões de pessoas). Por isso o necessário combate em várias frentes, a começar pelo acesso ao trabalho e outros fundametais direitos constitucionais como o acesso à educação, à saúde, à renda, a fim de neutralizar ou diminuir a crise urbana e descaracterizar a *cidade* como *locus* de violência.

REFERÊNCIAS

ABREU, Mauricio de. Reconstruindo uma história esquecida: origem e expansão das favelas do Rio de Janeiro. *Espaços & Debates*, Rio de Janeiro, v. 14, n. 37, p. 34-46, 1994.

ADORNO, Theodor; HORKHEIMER, Max. O iluminismo como mistificação de massas. *In*: ADORNO, Theodor *et al*. *Teoria da cultura de massa*. Rio de Janeiro: Paz e Terra, 1982.

AGAMBEN, Giorgio. *Estado de exceção*. São Paulo: Boitempo, 2004.

AGAMBEN, Giorgio. *O que resta de Auschwtz*: o arquivo e a testemunha. São Paulo: Boitempo, 2008. (Homo Sacer III).

ALMEIDA, Fernanda Dias Menezes de. *Competências na Constituição de 1988*. São Paulo: Atlas, 2000.

ALPA, Guido. *A análise econômica do direito na perspectiva do jurista*. Tradução de João Bosco Leopoldino da Fonseca. Belo Horizonte: Movimento Editorial da Faculdade de Direito da Universidade de Minas Gerais, 1997. p. 5-55.

ARENDT, Hannah. *A condição humana*. Tradução de Roberto Raposo. 10. ed. Rio de Janeiro: Forense Universitária, 2004.

BAUMAN, Zygmunt. *Tempos líquidos*. Rio de Janeiro: Jorge Zahar, 2007.

BENCHIMOL, Jaime Larry. *Pereira Passos*: um Haussmann tropical. Dissertação (Mestrado em Planejamento Urbano) – COPPE, UFRJ, 1982.

BENJAMIN, Walter. A obra de arte na época de suas técnicas de reprodução. *In*: BENJAMIN, Walter *et al*. *Textos escolhidos*. São Paulo: Abril Cultural, 1983. p. 3-28. (Os Pensadores).

BESSONE, Darcy. *Direitos reais*. São Paulo: Saraiva, 1996.

BETTELHEIM, Charles. *A luta de classes na união soviética*. Tradução de Flávio Pinto Vieira. Rio de Janeiro: Paz e Terra, 1983. v. 3.

BOURDIEU, Pierre. *A economia das trocas simbólicas*. São Paulo: Perspectiva, 1982.

BOURDIEU, Pierre. A metamorfose dos gostos. *In*: BOURDIEU, Pierre. *Questões de Sociologia*. Lisboa: Fim de Século, 2004.

BOURDIEU, Pierre. Gostos de classe e estilos de vida. *In*: ORTIZ, R. (Org.). São Paulo: Ática, 1983.

BRÊTAS, Ronaldo. *Responsabilidade do Estado pela função jurisdicional*. Belo Horizonte: Del Rey, 2004.

CALDEIRA, Teresa Pires do Rio. *Cidade de muros*: crime, segregação e cidadania em São Paulo. São Paulo: Ed. 34; Edusp, 2000.

CANUTO, Elza Maria Alves. *Direito à moradia*: aspectos da dignidade da pessoa humana. Belo Horizonte: Fórum, 2010.

CARVALHO, José Murilo de. *Os bestializados*: o Rio de Janeiro e a República que não foi. São Paulo: Companhia das Letras, 1987.

CARVALHO, Lia de Aquino. *Contribuição ao estudo das habitações populares*: Rio de Janeiro, 1886-1906. Rio de Janeiro: Secretaria Municipal de Cultura, Departamento Geral de Documentação e Informação Cultural, Divisão de Editoração, 1986.

CASTELL, Manuel. *La ciudad inaformacional*. Madrid: Alianza, 1995.

CASTRO, Josué de. *Geografia da fome*. 6. ed. Rio de Janeiro: Civilização Brasileira, 2006.

CHALHOUB, Sidney. *Cidade febril*: cortiços e epidemias na Corte imperial. São Paulo: Companhia das Letras, 1996.

COSTA, Adriana Belli de Souza Alves. O Estado autonômico da Espanha. *In*: MAGALHÃES, José Luiz Quadros de (Coord.). *Pacto federativo*. Belo Horizonte: Mandamentos, 2000.

COUTINHO, Luciano. O desenvolvimento urbano no contexto da mudança tecnológica. *In*: GONÇALVES, Maria Flora (Org.). *O novo Brasil urbano*: impasses, dilemas, perspectivas. Porto Alegre: Mercado Aberto, 1995.

D'OTTAVIANO, Maria Camila Loffredo. Condomínios fechados na Região Metropolitana de São Paulo: fim do modelo centro-rico *versus* periferia pobre?. *In*: ENCONTRO NACIONAL DE ESTUDOS POPULACIONAIS, 15., ABEP, Caxambú, 18/22 set. 2006. Trabalho apresentado.

DAGNINO, Renato Peixoto. *Planejamento estratégico governamental*. Florianópolis: Departamento de Ciências da Administração, UFSC; Brasília: CAPES, UAB, 2009.

DEBORD, Guy. *A sociedade do espetáculo*. Rio de Janeiro: Contraponto, 2008.

DEL NEGRI, André. *Processo constitucional e decisão* interna corporis. Belo Horizonte: Fórum, 2011.

DEL NEGRI, André. *Teoria da Constituição e do direito constitucional*. Belo Horizonte: Fórum, 2009.

DI PIETRO, Maria Sylvia Zanella. *Estatuto da Cidade*: comentários à Lei Federal 10.259: direito de superfície. São Paulo: Malheiros, 2003.

DOMINGUES, Rafael Augusto Silva. *A competência dos Estados-membros no direito urbanístico*. Belo Horizonte: Fórum, 2010.

DURANT, Gilbert. *As estruturas antropológicas do imaginário*. São Paulo: Martins Fontes, 1997.

DURKHEIM, E. *De la difivisión del trabajo social*. Buenos Aires: Schapire, 1973.

ELIAS, Norbert. *O processo civilizador*: uma história dos costumes. Rio de Janeiro: Jorge Zahar, 1994. v. 1.

ENGELS, Friedrich. *A origem da família, da propriedade privada e do Estado*. Tradução de Ruth M. Klaus. São Paulo: Centauro, 2002.

FABRI, Andréa. *Planejamento econômico e mercado*: aproximação possível. Belo Horizonte: Fórum, 2010.

FABRI, Andréa. *Responsabilidade do Estado*: planos econômicos e iniciativa provada. Belo Horizonte, 2005.

FERNANDES, Florestan. *A integração do negro na sociedade de classes*. São Paulo: Ática, 1978. v. 1.

FREITAG, Bárbara. *Teorias da cidade*. Campinas: Papiros, 2006.

FREUD, Sigmund. *O mal-estar na civilização*. Rio de Janeiro: Imago, 1997.

FREUD, Sigmund. *Psicologia de grupo e a análise do ego*. Rio de Janeiro: Imago, 1974. v. 18.

FUSTEL DE COLUANGES, Numa Denis. *A cidade antiga*: estudo sobre oculto, o direito e as instituições da Grécia e de Roma. São Paulo: Revista dos Tribunais, 2003.

GALEANO, Eduardo. *As veias abertas na América Latina*. 48. ed. São Paulo: Paz e Terra. 2008.

GEERTZ, Clifford. *A interpretação das culturas*. Rio de Janeiro: Zahar, 1978.

GOULART, José Alípio. *As favelas do Distrito Federal*. Rio de Janeiro: Serviço de Informação Agrícola, Ministério da Agricultura, 1957.

HABERMAS, Jürgen. *A inclusão do outro*. São Paulo: Loyola, 2002.

HABERMAS, Jürgen. *Direito e democracia*: entre facticidade e validade. Rio de Janeiro: Tempo Brasileiro, 1997. v. 1.

HABERMAS, Jürgen. *Direito e democracia*: entre facticidade e validade. Rio de Janeiro: Tempo Brasileiro, 1997. v. 2.

HABERMAS, Jürgen. *Técnica e ciência como ideologia*. Lisboa: Edições 70, 2001.

HAESBAERT. Rogério. *Territórios alternativos*. Niterói: EdUFF; São Paulo: Contexto, 2002.

HALL, Stuart. *Identidade cultural na pós-modernidade*. Rio de Janeiro: DP&A, 2001.

HELLER, Hermann. *Teoria do Estado*. São Paulo: Mestre Jou, 1968.

HOBBES, Thomas. *Leviatã*. São Paulo: Martins Fontes, 2003.

HOLANDA, Sérgio Buarque. *Raízes do Brasil*. São Paulo: Companhia das Letras, 1996.

HORTA, Raul Machado. *Direito constitucional*. Belo Horizonte: Del Rey, 1999.

LACAN, Jacques. *O seminário*: livro 17: o avesso da psicanálise. Rio de Janeiro: Jorge Zahar, 1993.

LARAIA, Roque de Barros. *Cultura*: um conceito antropológico. Rio de Janeiro: Jorge Zahar, 2006.

LASCH, Christopher. *A cultura do narcisismo*: a vida americana numa era de esperanças em declínio. Tradução de Ernani Pavaneli. Rio de Janeiro: Imago, 1983.

LEAL, Rosemiro Pereira. *Direito econômico*: soberania e mercado mundial. Belo Horizonte: Del Rey, 2005.

LEAL, Rosemiro Pereira. Processo civil e sociedade civil. Processo civil e sociedade civil. *Revista eletrônica da PUC Minas – Virtuajus*. Disponível em: <http://www.fmd.puminas.br>. Acesso em: dez. 2010.

LEWIS, O. The culture of poverty. *Scientific American*, 215 (4), p. 19-25, Oct. 1966.

LEWIS, O. The possessions of the poor. *Scientific American*, p. 113-124, Oct. 1969.

LIMA, Ruy Cirne. *Pequena história territorial do Brasil*: sesmarias e terras devolutas. São Paulo: Secretaria de Estado de Cultura, 1990.

LIRA, R. P. O direito de superfície e o novo Código Civil. *Revista Forense*, Rio de Janeiro, n. 364, nov./dez. 2002.

LOCKE, John. *Segundo tratado sobre o governo civil, e outros escritos*: ensaio sobre a origem, os limites e os fins verdadeiros do governo civil. Petrópolis: Vozes, 2001.

MADEIRA, Dhenis Cruz. *Processo de conhecimento e cognição*: uma inserção no Estado democrático de direito. Curitiba: Juruá, 2008.

MAGALHÃES, José Luiz Quadros de. *Direito constitucional*. Belo Horizonte: Mandamentos, 2000. v. 1.

MAGALHÃES, José Luiz Quadros de. *O poder municipal*: paradigmas para o Estado constitucional brasileiro. Belo Horizonte: Del Rey, 1999.

MAGALHÃES, José Luiz Quadros de. *Pacto federativo*. Belo Horizonte: Mandamentos, 2000.

MAGALHÃES, Sérgio. *Sobre a cidade*: habitação e democracia no Rio de Janeiro. São Paulo: Pro Editores, 2002.

MARICATO, Ermínia. *Brasil, cidades*: alternativas para a crise urbana. 2. ed. Petrópolis: Vozes, 2002.

MARIN, Eriberto. Breves considerações sobre a organização política e territorial do Estado francês. *In*: MAGALHÃES, José Luiz Quadros de (Coord.). *Pacto federativo*. Belo Horizonte: Mandamentos, 2000. p. 181-228.

MARMELSTEIN, George. *Curso de direitos fundamentais*. São Paulo: Atlas, 2008.

MARX, Karl. *Contribuição à crítica da economia política*. São Paulo: Martins Fontes, 1977.

MARX, Karl. *O Capital: crítica da economia política*. Rio de Janeiro: Bertrand Brasil, 1989. v. 1.

MARX, Karl. *O Capital*: crítica da economia política. Rio de Janeiro: Bertrand Brasil, 1989. v. 2.

MARX, Karl; ENGELS, Friedrich. O Manifesto do Partido Comunista. *In*: REIS FILHO, Daniel Aarão (Org.). *O manifesto Comunista 150 anos depois*. Rio de Janeiro: Contraponto, São Paulo: Perseu Abramo, 1998.

MELLO, Marco Antonio da Silva. *Selva de Pedra*: apropriação e reapropriações dos espaços públicos de uso coletivo no Rio de Janeiro. *In*: ESTERCI, N.; FRY, P.; GOLDENBERG, M. (Org.). *Fazendo antropologia no Brasil*. Rio de Janeiro: DP&A, 2001. p. 205-228.

MELO, Lígia. *Direito à moradia no Brasil*: política urbana e acesso por meio da regularização fundiária. Belo Horizonte: Fórum, 2010.

MOFFIT, Michel. *O dinheiro do mundo*. Rio de Janeiro: Paz e Terra, 1984.

MOREIRA, Alinie da Matta. *As restrições em torno da reserva do possível*: uma análise crítica. Belo Horizonte: Fórum, 2011.

MOURA, Cristina Patriota de. Vivendo entre muros: o sonho da aldeia. *In*: KUSCHINIR, K.; VELHO, G. *Pesquisas urbanas*: desafios do trabalho antropológico. Rio de Janeiro: Jorge Zahar, 2003. p. 43-54.

OLIVEIRA JR., Hélio Rodrigues de. Reflexões sobre o estudo da proliferação de condomínios fechados: críticas e sugestões. *Cadernos Metrópole*, Instituto Nacional de Tecnologia, n. 20, p. 221-239. jul./dez. sem. 2008.

OLIVEIRA, Jane Souto de; MARCIER, Maria Hortense. A palavra é: favela. *In*: ZALUAR, A.; ALVITO, M. (Org.). *Um século de favela*. Rio de Janeiro: Fundação Getulio Vargas, 1998.

OLIVEIRA, L. Os excluídos 'existem'?. Notas sobre a elaboração de um novo conceito. *Revista Brasileira de Ciências Sociais*, São Paulo, ano 12, n. 32, p. 49-61, fev. 1997.

PARISSE, Lucien. *Favelas do Rio de Janeiro*: evolução: sentido. Rio de Janeiro, Centro Nacional de Pesquisas Habitacionais, 1969a. (Caderno do CENPHA, 5).

PEREIRA, Carlos Alberto Messeder *et al. Linguagens da violência*. Rio de Janeiro: Rocco, 2000.

PLATÃO. *A república*. Tradução de Maria Helena da Rocha Pereira. 5. ed. Lisboa: Fundação Calouste Gulbenkian, 1987.

POPPER, Karl. *A lógica da pesquisa científica*. Tradução de Leônidas Hegenberg e Octanny Silveira da Mota. São Paulo: Cultrix; Edusp, 1975.

POPPER, Karl. *A sociedade aberta e seus inimigos*. Belo Horizonte: Itatiaia, 1987. v. 1.

POPPER, Karl. *A sociedade aberta e seus inimigos*. Belo Horizonte: Itatiaia, 1987. v. 2.

POSNER, Richard A. *El análisis económico del derecho*. México: Fondo de Cultura Económica, 2000.

PRADO JÚNIOR, Caio. *A questão agrária no Brasil*. São Paulo: Editor Brasiliense, 1981.

PRADO JÚNIOR, Caio. *Formação do Brasil contemporâneo*. São Paulo: Brasiliense, 2006.

PREFEITURA DO DISTRITO FEDERAL. *Censo das favelas*: aspectos gerais. Rio de Janeiro, Secretaria Geral do Interior e Segurança, Departamento de Geografia e Estatística, 1949.

REIS FILHO, Nestor Goulart. *Contribuição ao estudo da evolução urbana no Brasil*: 1500-1720. São Paulo: Edusp, 1968.

RIBEIRO, Luiz Cesar de Queiroz. *Dos cortiços aos condomínios fechados*: as formas de produção da moradia na cidade do Rio de Janeiro. Rio de Janeiro: Civilização Brasileira, 1997.

ROCHA, Oswaldo Porto. *A era das demolições*: cidade do Rio de Janeiro: 1870-1920. Rio de Janeiro: Secretaria Municipal de Cultura, Departamento Geral de Documentações e Informação Cultural, Divisão de Editoração, 1986.

ROSENFELD, Michel. *A identidade do sujeito constitucional*. Belo Horizonte: Mandamentos, 2003.

ROUSSEAU, Jean-Jacques. *Discurso sobre a origem e os fundamentos da desigualdade entre os homens*. Tradução de Maria Ermínia Galvão. São Paulo: Martins Fontes, 1993.

RUSSEL, Bertrand. *História do pensamento ocidental*: a aventura das ideias dos pré-socráticos a Wittgenstein. Rio de Janeiro: Ediouro, 2002.

SANTOS, Milton. *A urbanização brasileira*. São Paulo: Edusp, 2009.

SANTOS, Milton. *A urbanização desigual*. São Paulo: Edusp, 2010.

SANTOS, Milton. *O espaço dividido*. São Paulo: Edusp, 2008.

SANTOS, Milton. *Pobreza urbana*. São Paulo: Edusp, 2009.

SANTOS, Milton. *Por uma outra globalização*: do pensamento único à consciência universal. Rio de Janeiro: Record, 2004.

SARLETE, Ingo Wolfgang. *A eficácia dos direitos fundamentais*. Porto Alegre: Livraria do Advogado, 2007.

SERRA, Geraldo. *O espaço natural e a forma urbana*. São Paulo: Nobel, 1987.

SILVA, Golbery Couto e. *Planejamento estratégico*. Brasília: Ed. UnB, 1981.

SILVA, José Afonso da. *Direito urbanístico brasileiro*. São Paulo: Malheiros, 2000.

SOUZA, Marcelo Lopes de. *Mudar a cidade*: uma introdução crítica ao planejamento e à gestão urbana. Rio de Janeiro: Bertrand Brasil, 2003.

SOUZA, Washington Peluso Albino de. *Direito econômico*. São Paulo: Saraiva, 1980.

STAROBINSKI, Jean. *As máscaras da civilização*. São Paulo: Companhia das Letras, 2001.

VALLA, Victor Vincent *et al*. *Educação e favela*: políticas para as favelas do Rio de Janeiro 1940-1985. Petrópolis: Vozes; Abrasco, 1986.

VALLADARES, Licia. A gênese da favela carioca. *Revista Brasileira de Ciências Sociais*, v. 15, n. 44, out. 2000.

VAZ, Lilian Fessler. Notas sobre o Cabeça de Porco. *Revista Rio de Janeiro*, n. 2, abr. 1986.

VESENTINI, José William. A construção do espaço e dominação: considerações sobre Brasília. *Teoria & Política*, São Paulo, ano 2, n. 7, 1985.

WERNECK, Ana Luíza Duarte. O Estado regional italiano. *In*: MAGALHÃES, José Luiz Quadros de (Coord.). *Pacto federativo*. Belo Horizonte: Mandamentos, 2000.

WIEAKER, Franz. *História do direito privado*. Lisboa: Fundação Calouste Gulbenkian, 1980.

WITOLD, Gombrowicz. *A pornografia*. Rio de Janeiro: Nova Fronteira, 1986.

ZALUAR, Alba; ALVITO, Marcos. *Um século de favela*. Rio de Janeiro: Fundação Getulio Vargas, 1998.

ŽIŽEK, Slavoj. *Violence*. New York: Picador, 2008.

Esta obra foi composta em fonte Palatino Linotype, corpo 10
e impressa em papel Offset 75g (miolo) e Supremo 250g (capa)
pela Gráfica e Editora O Lutador.
Belo Horizonte/MG, agosto de 2012.